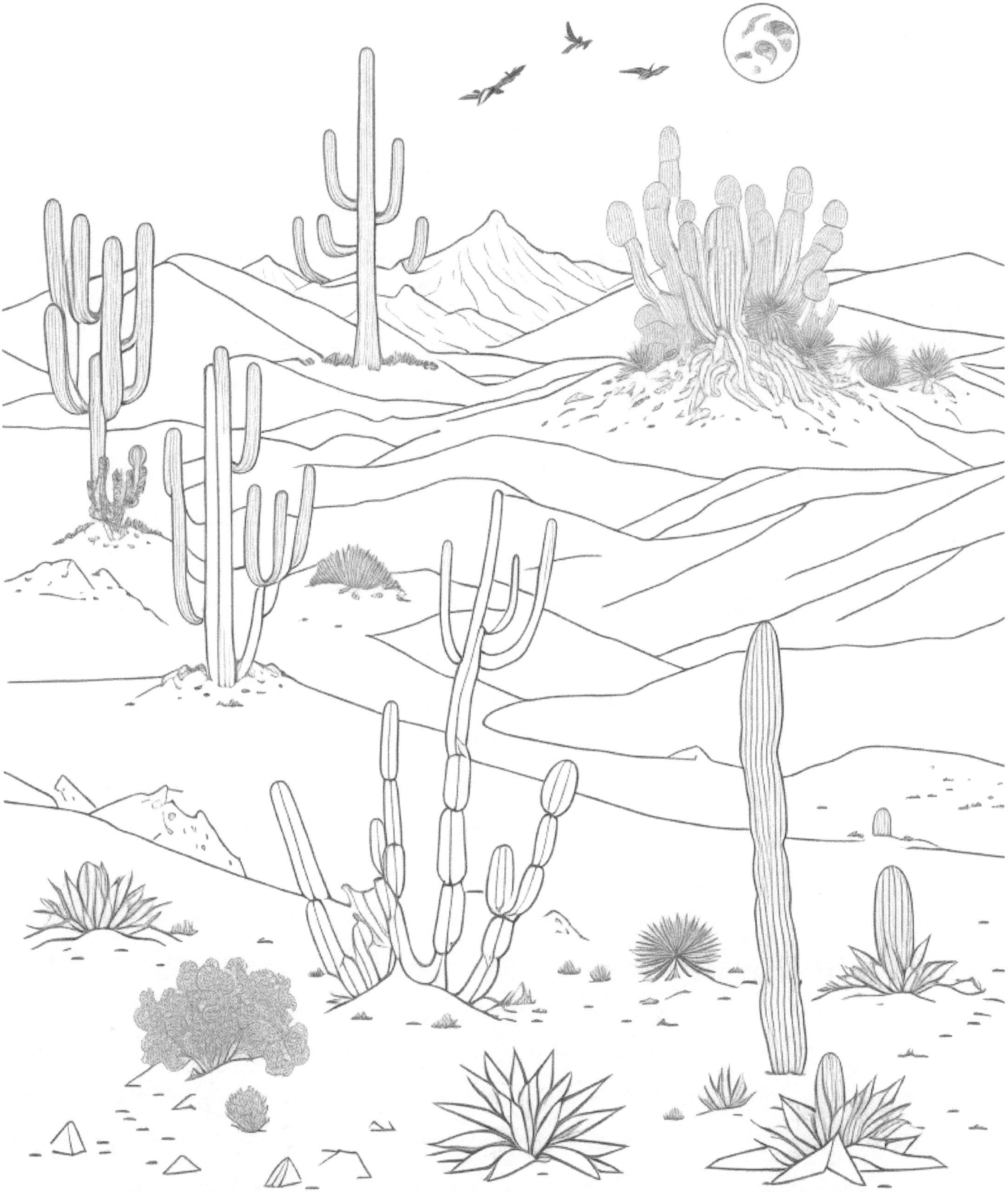

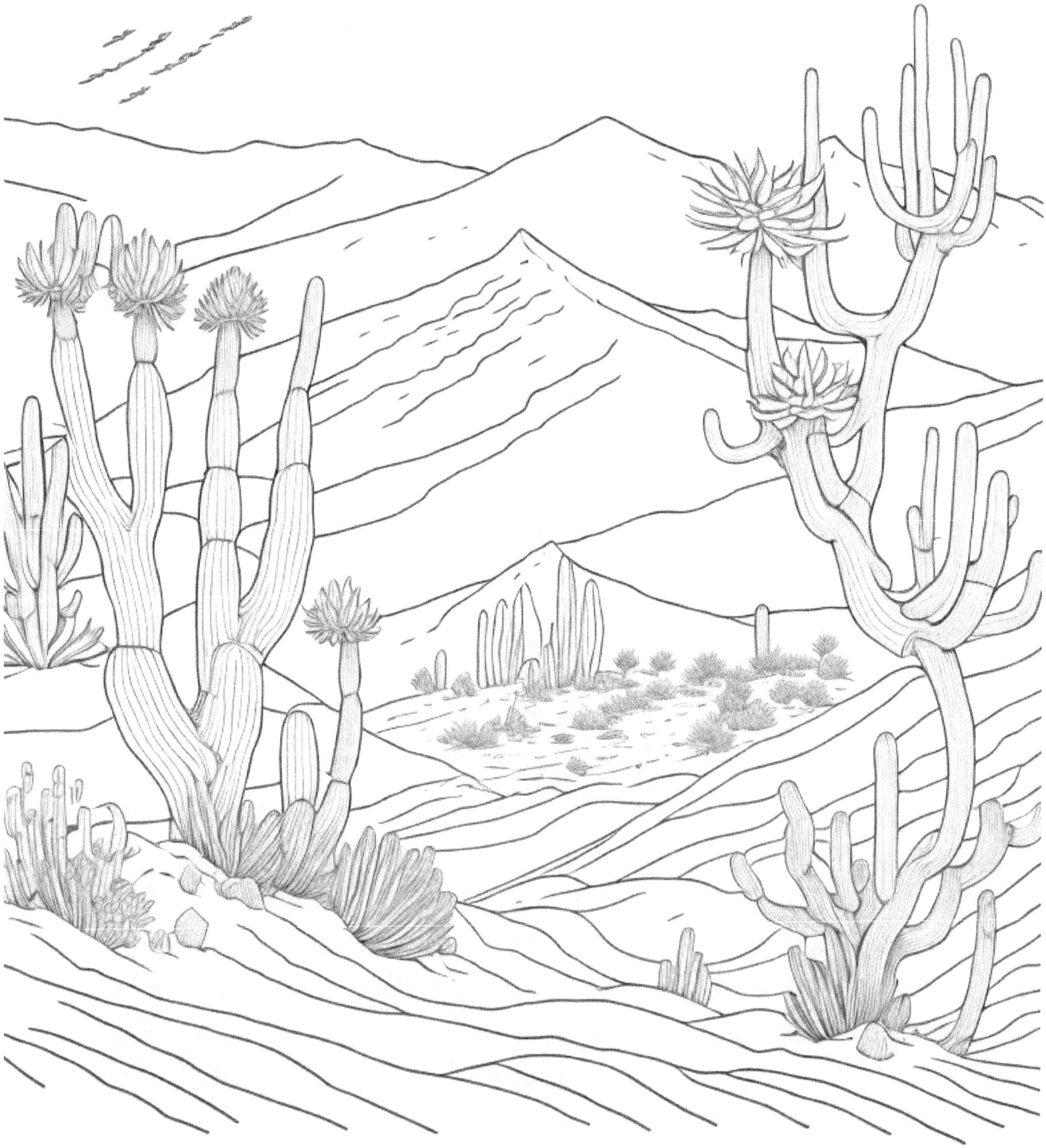

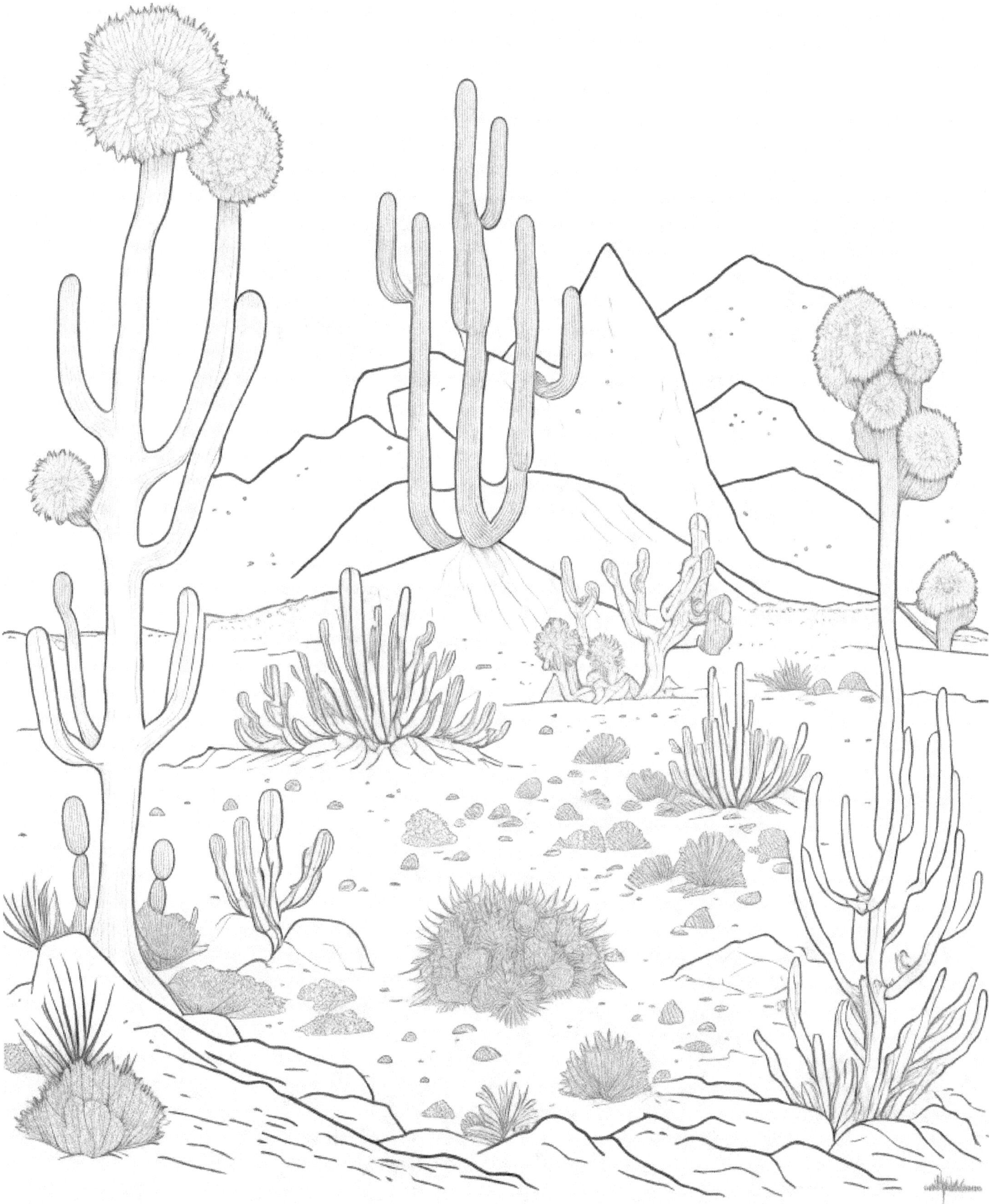

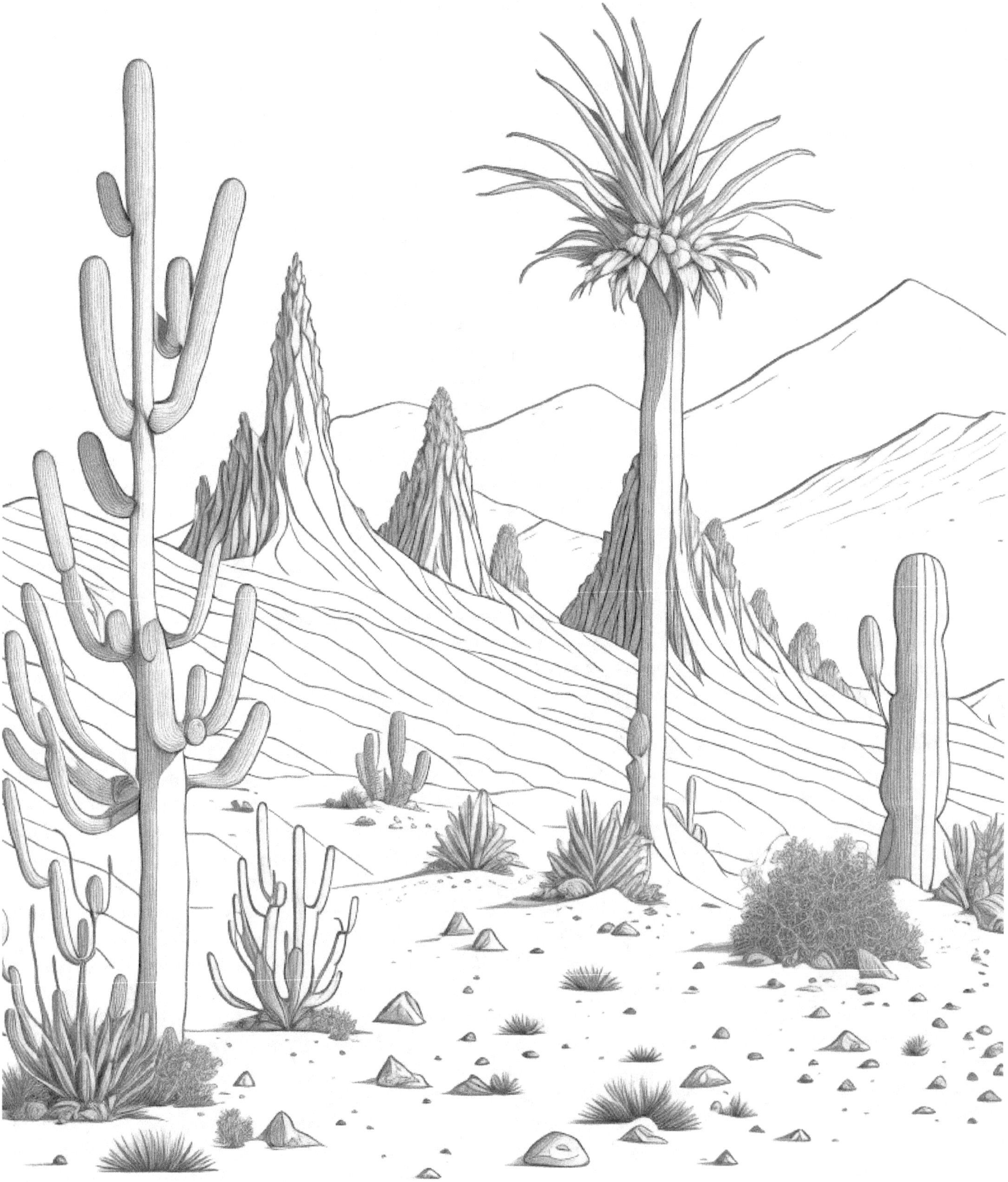

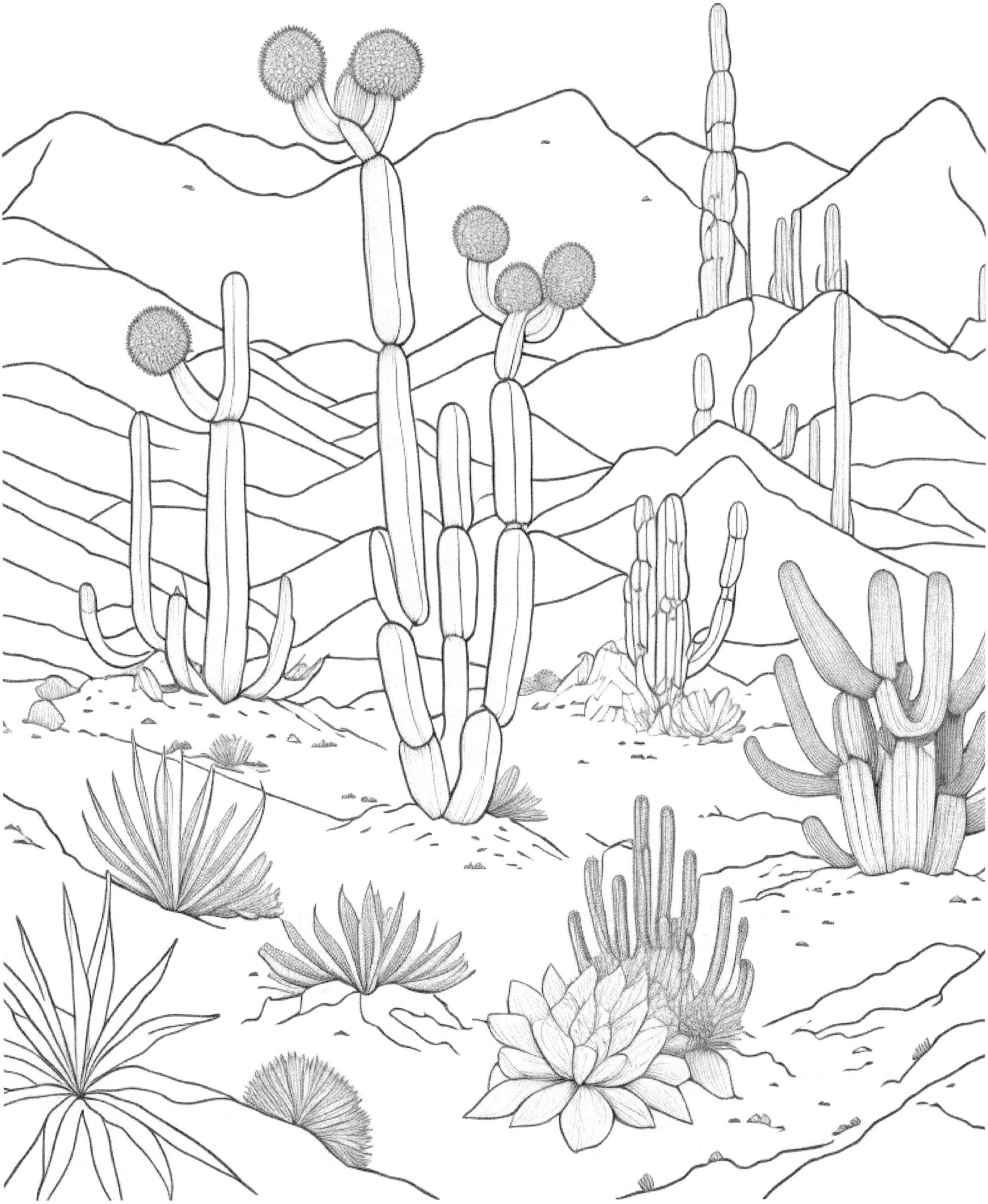

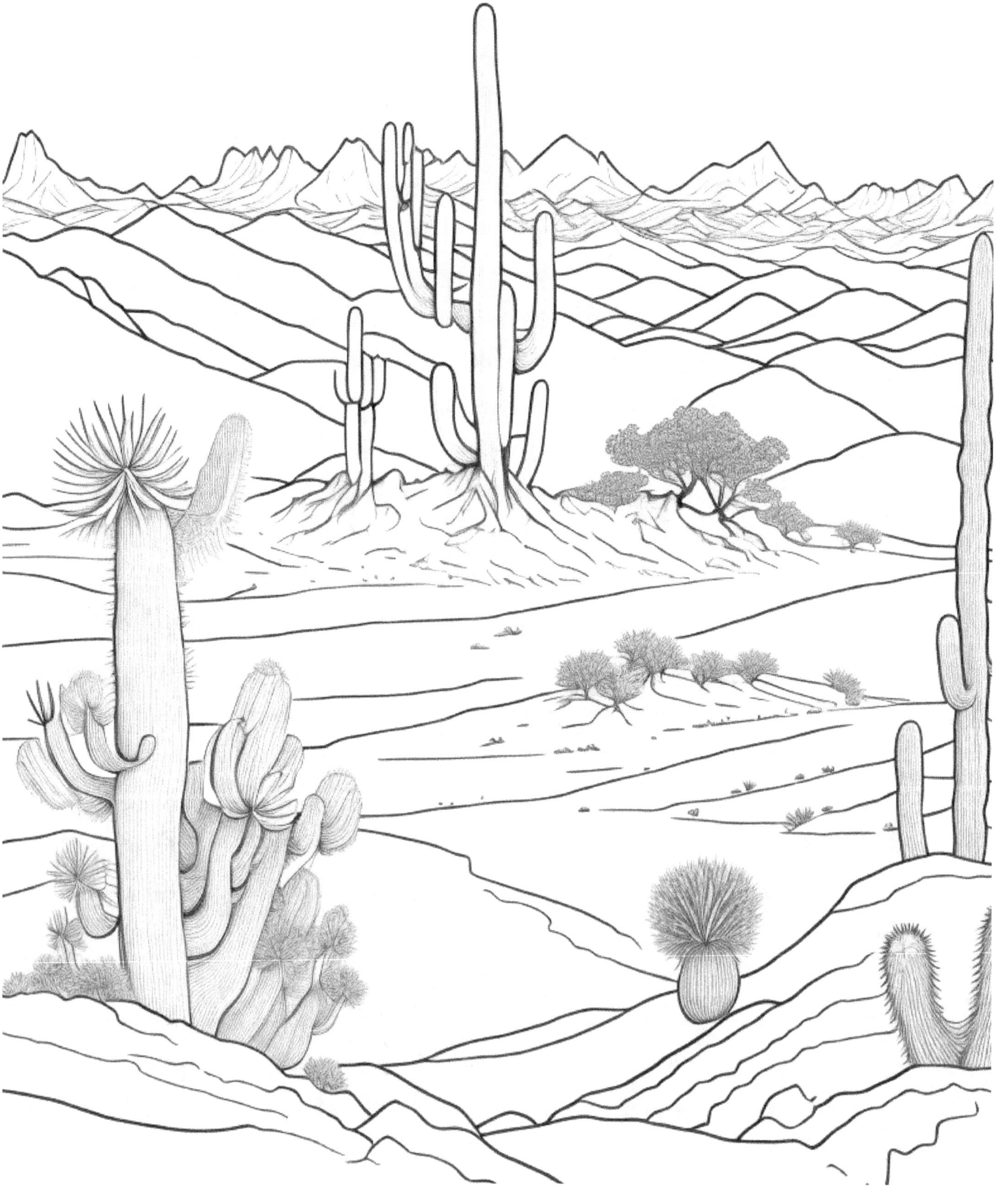

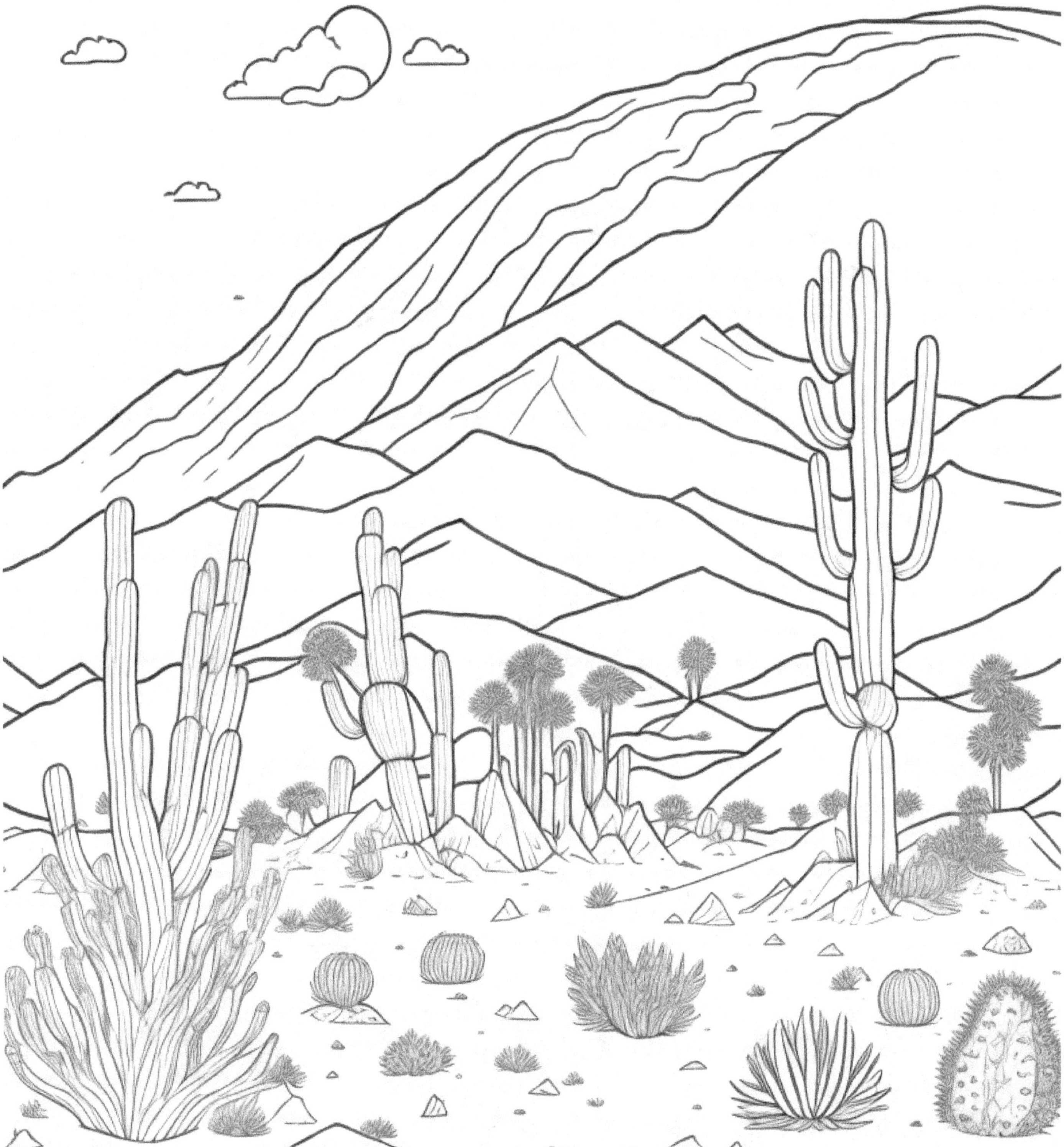

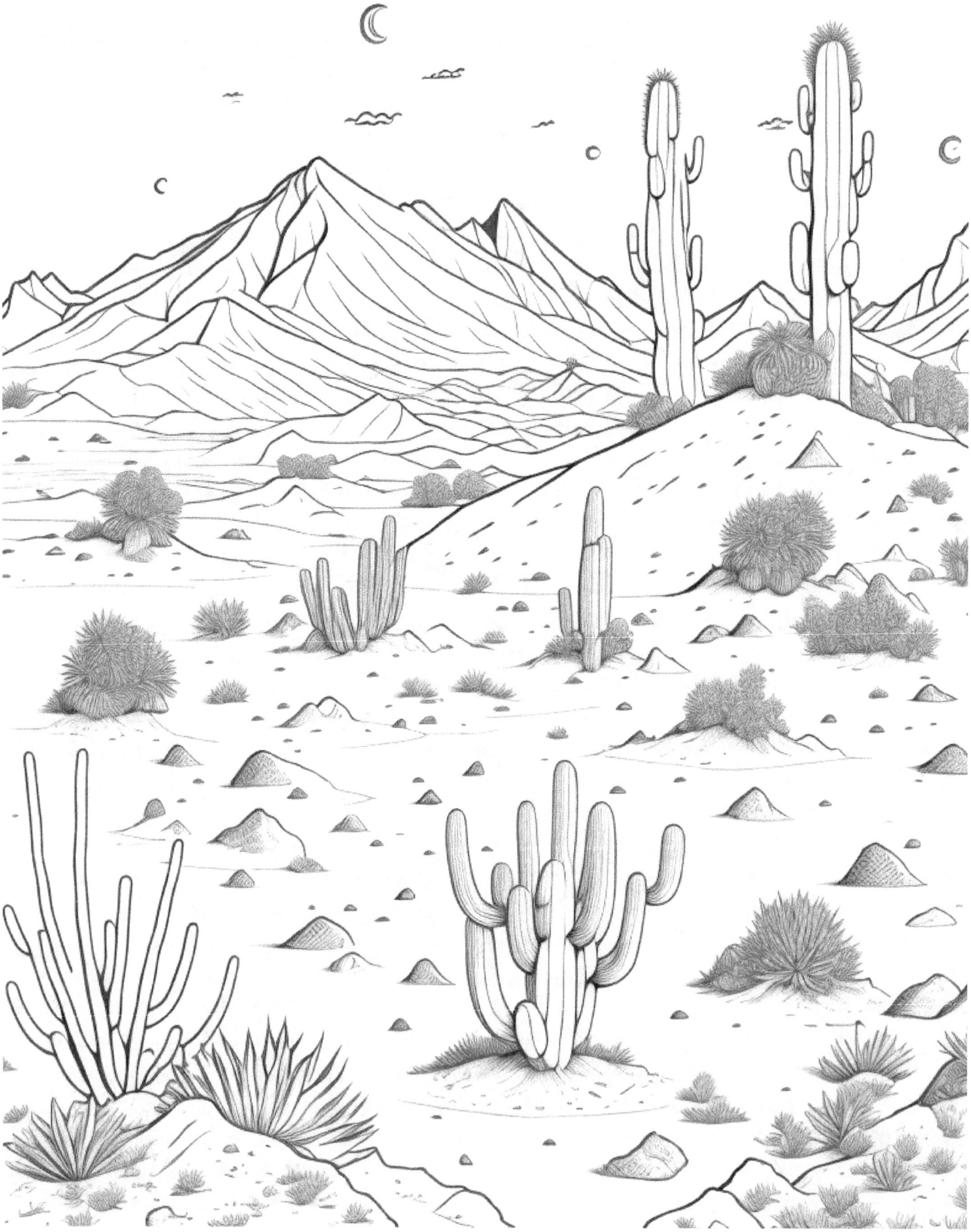

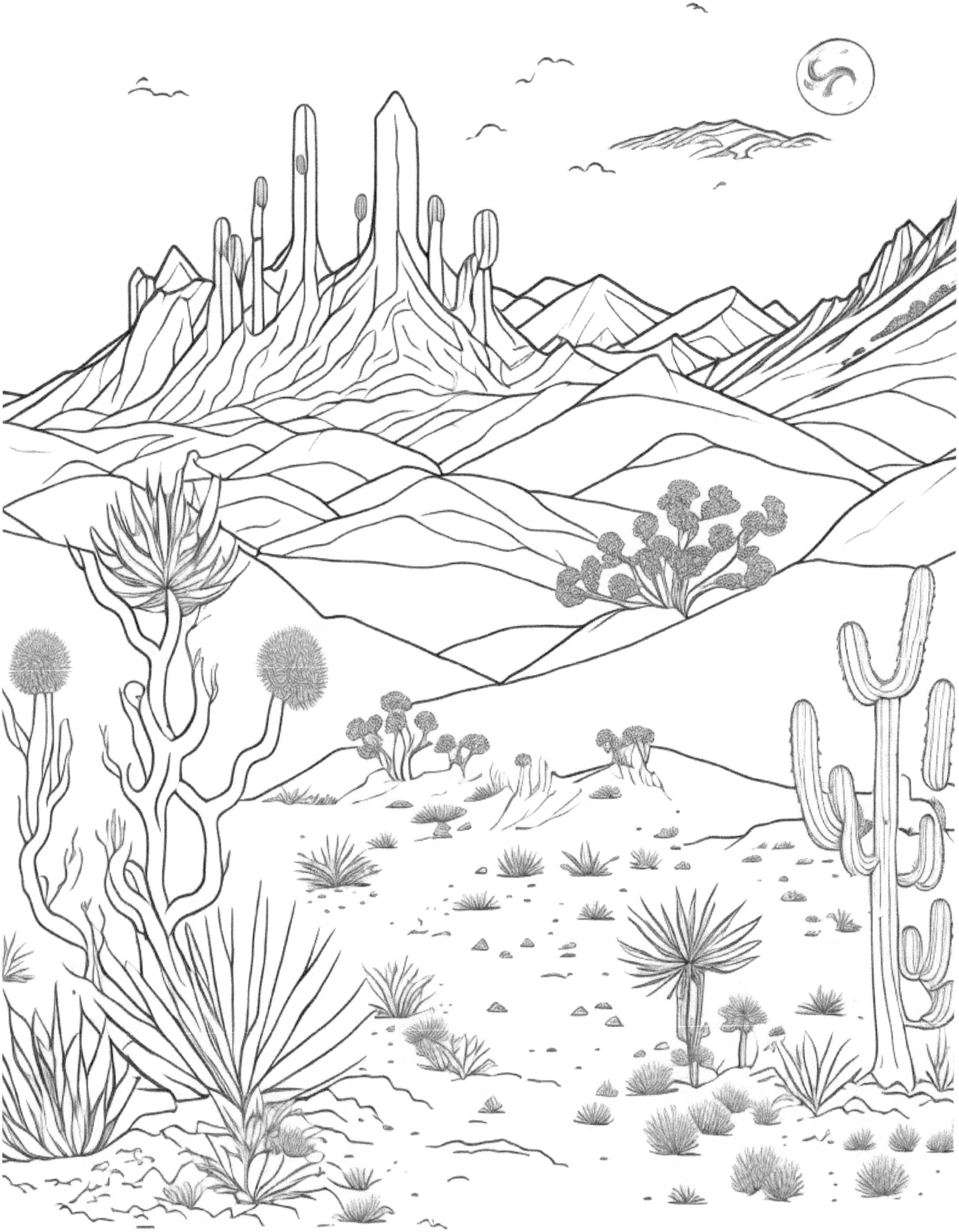

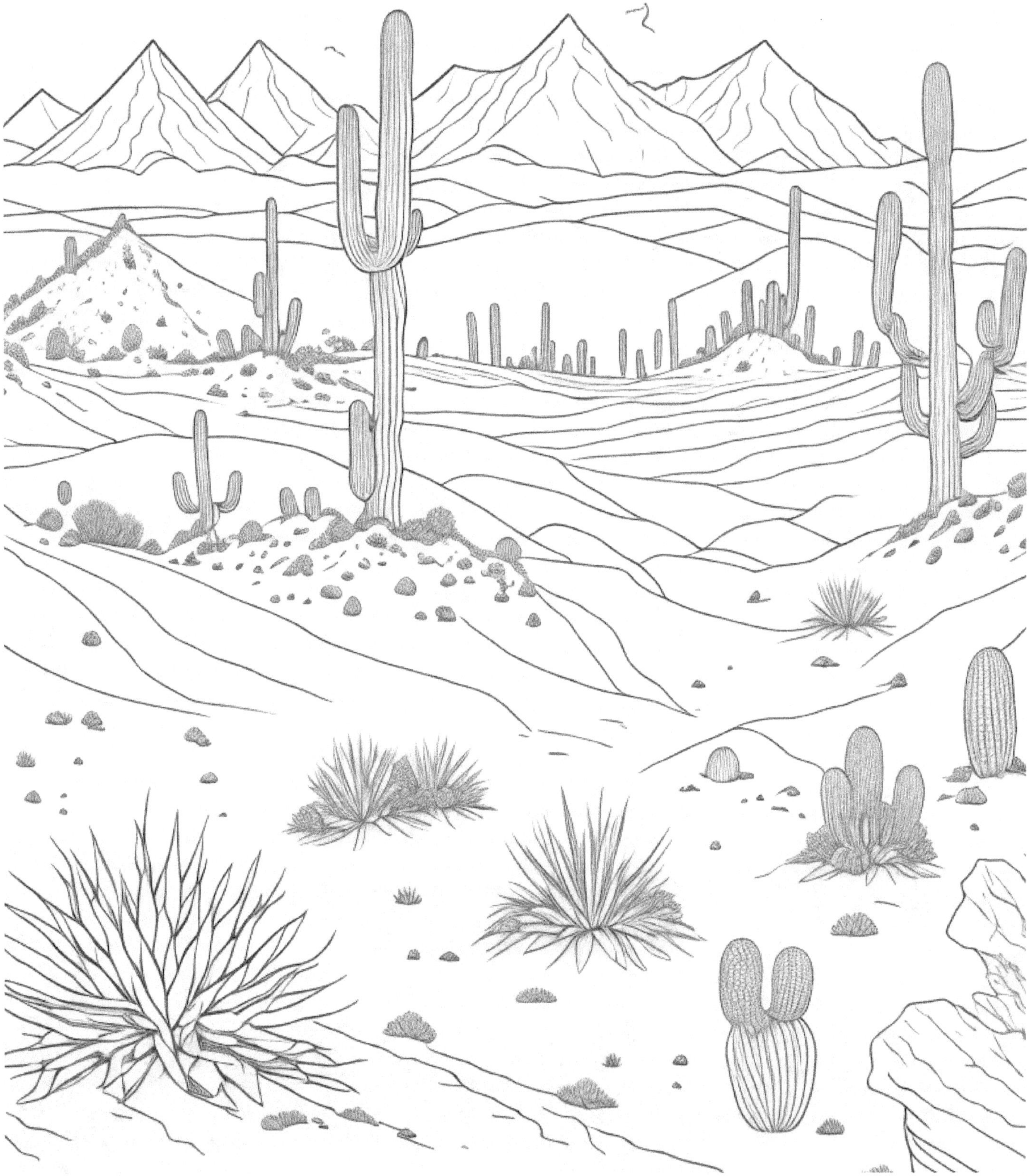

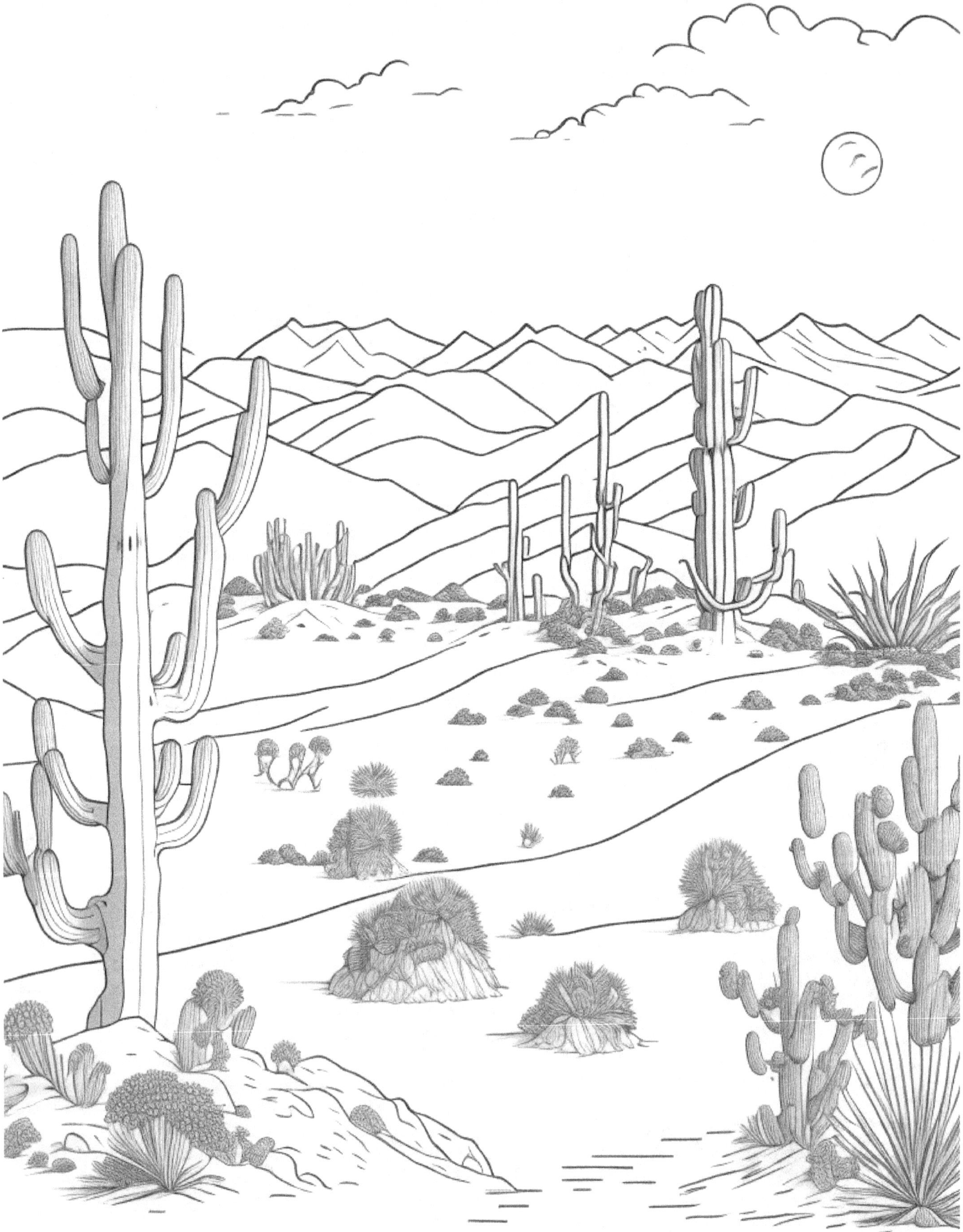

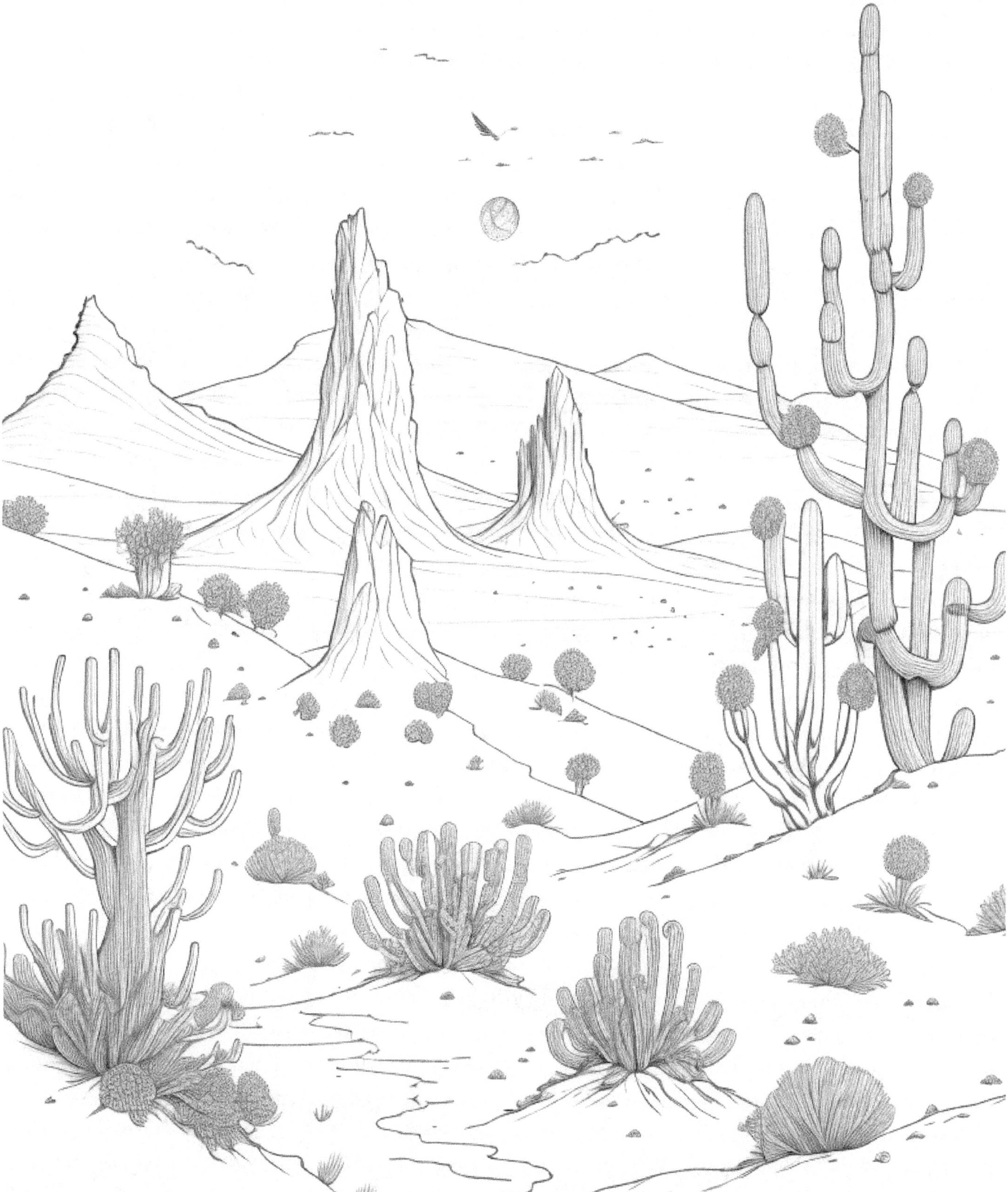

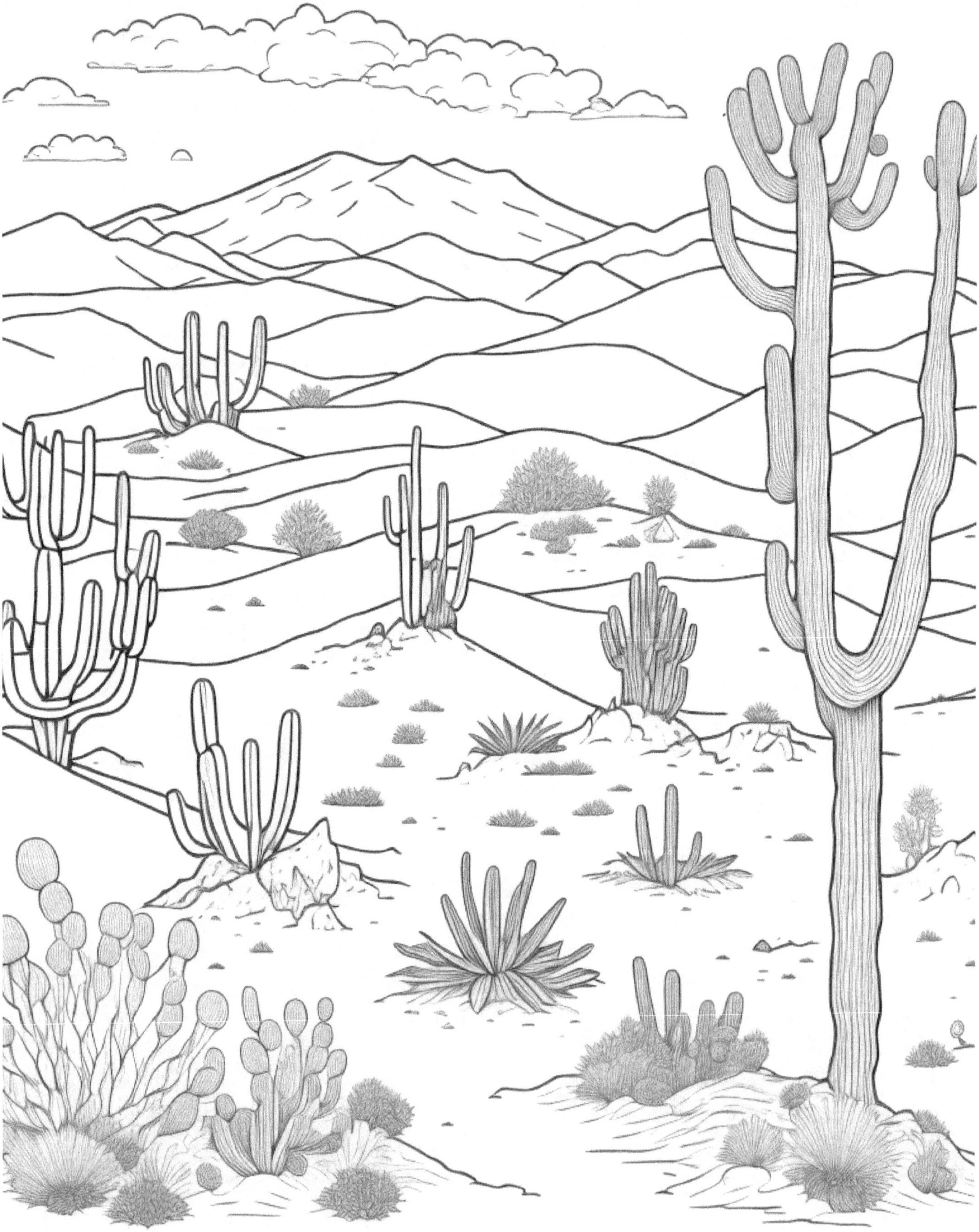

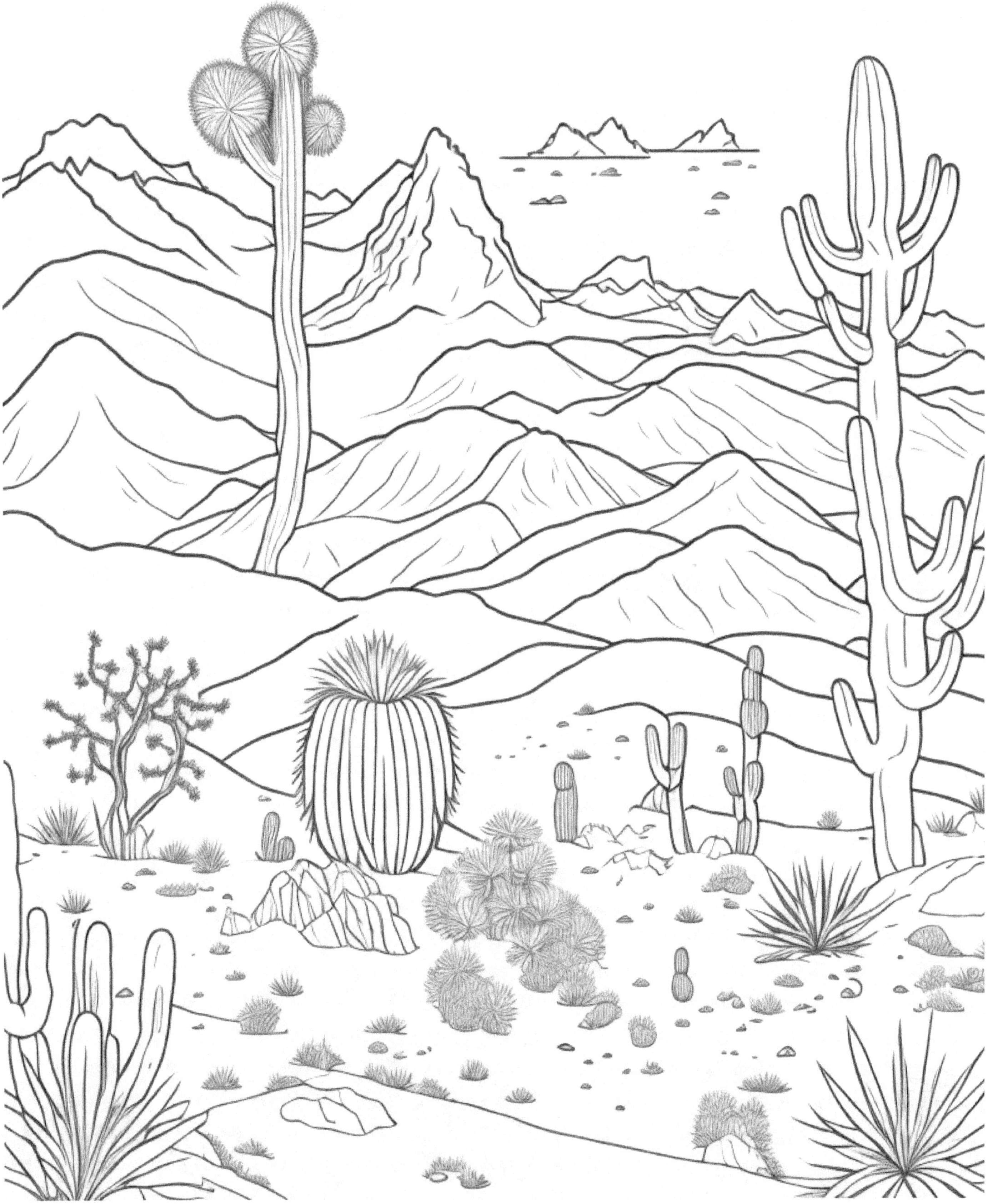

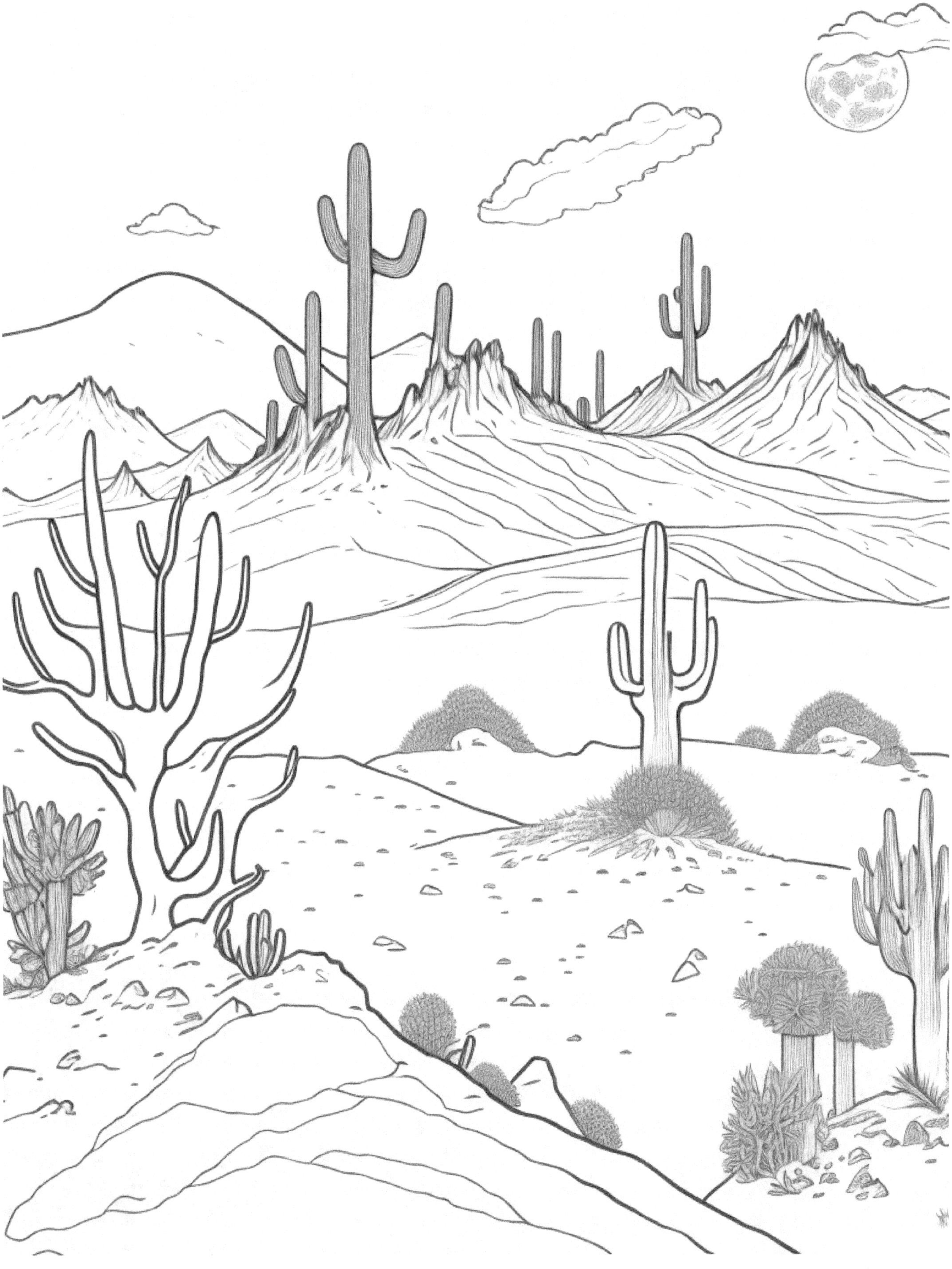

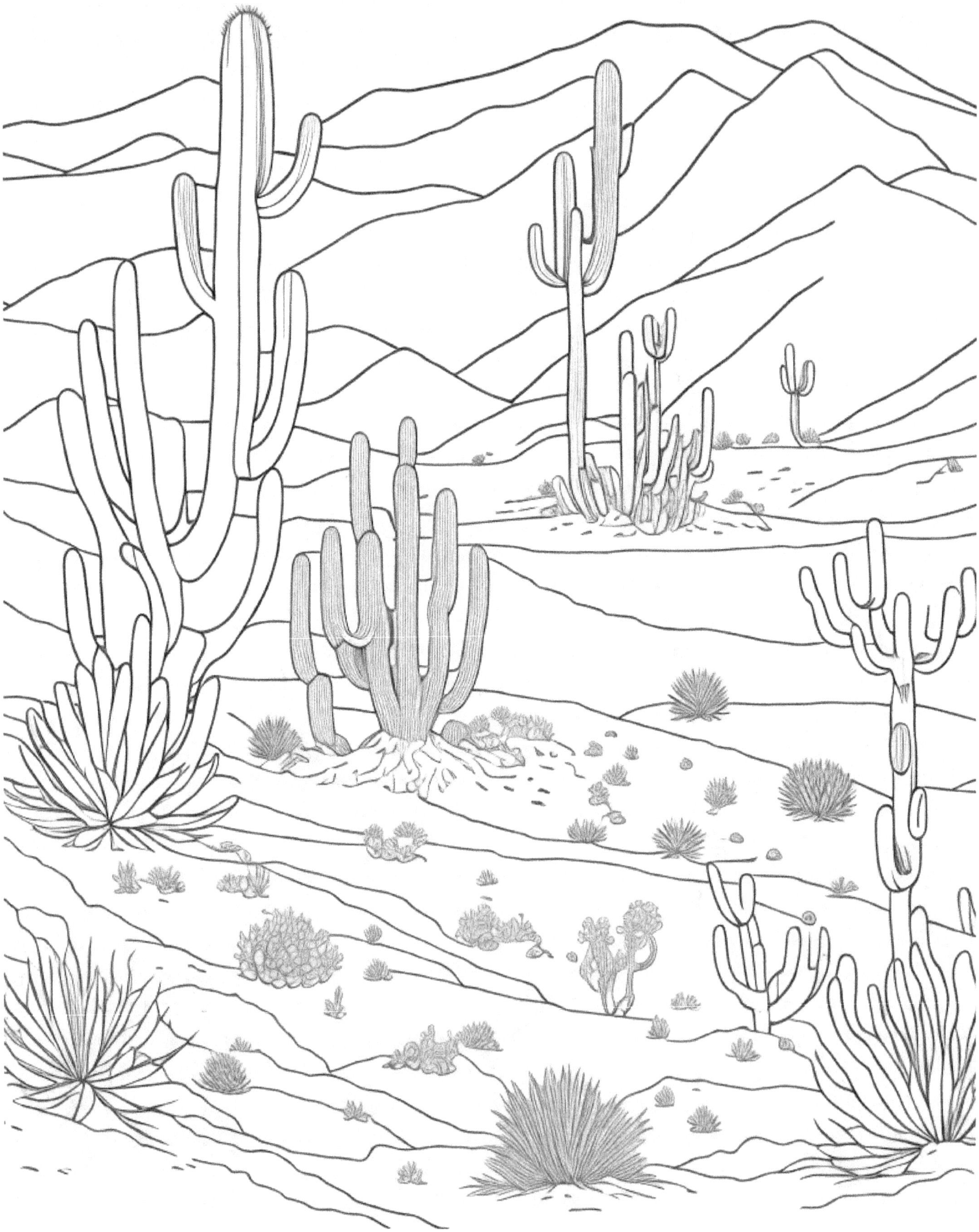

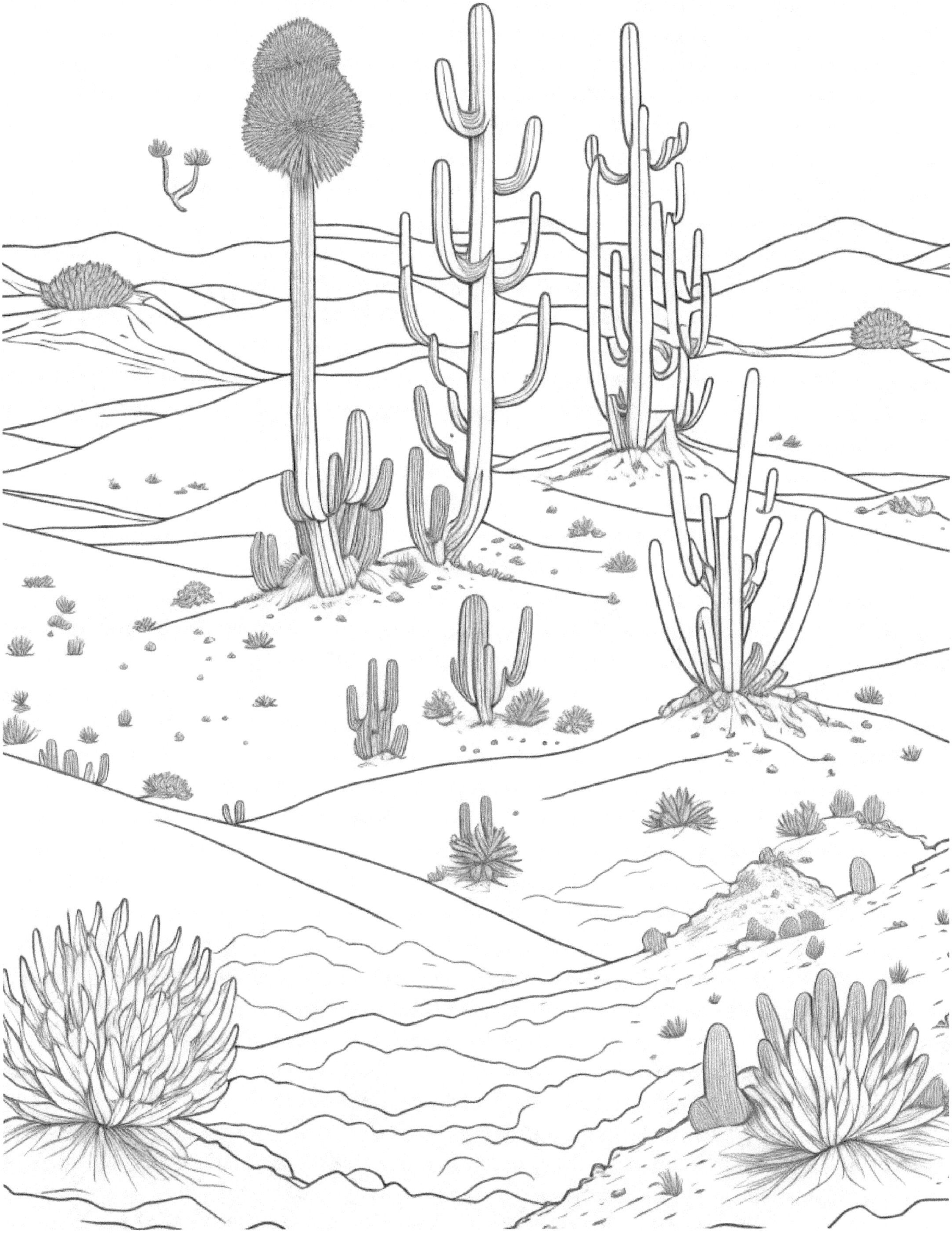

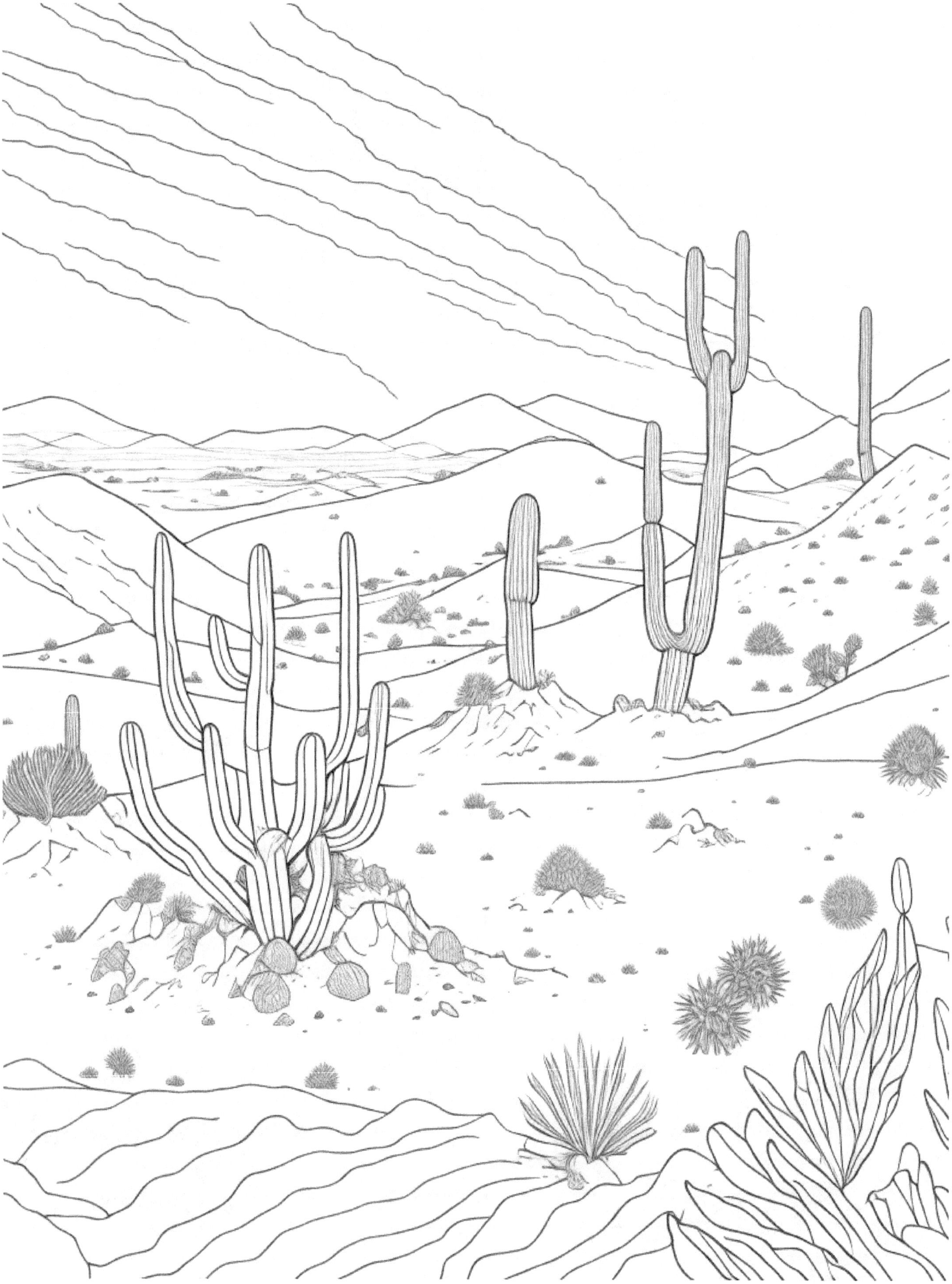

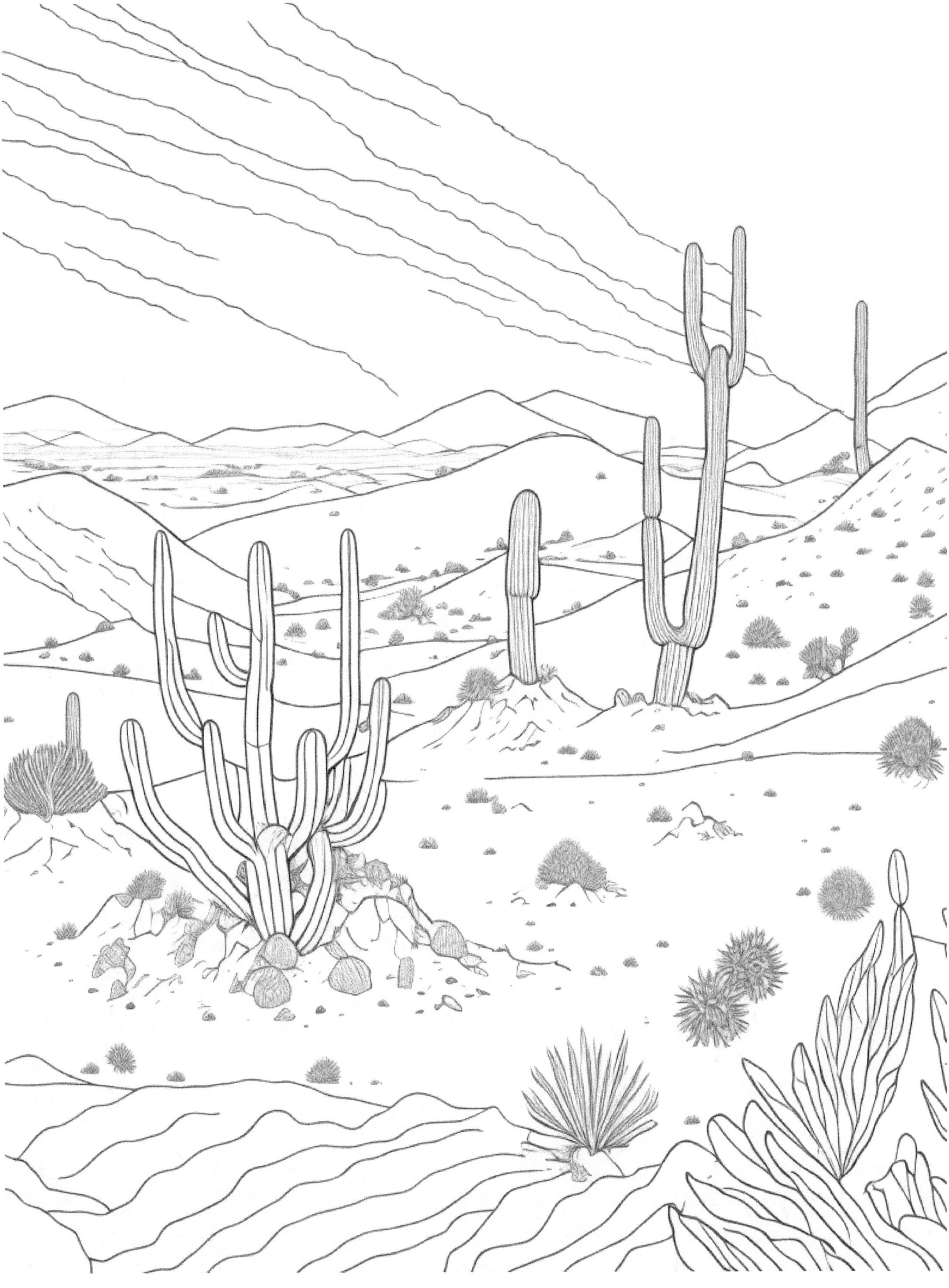

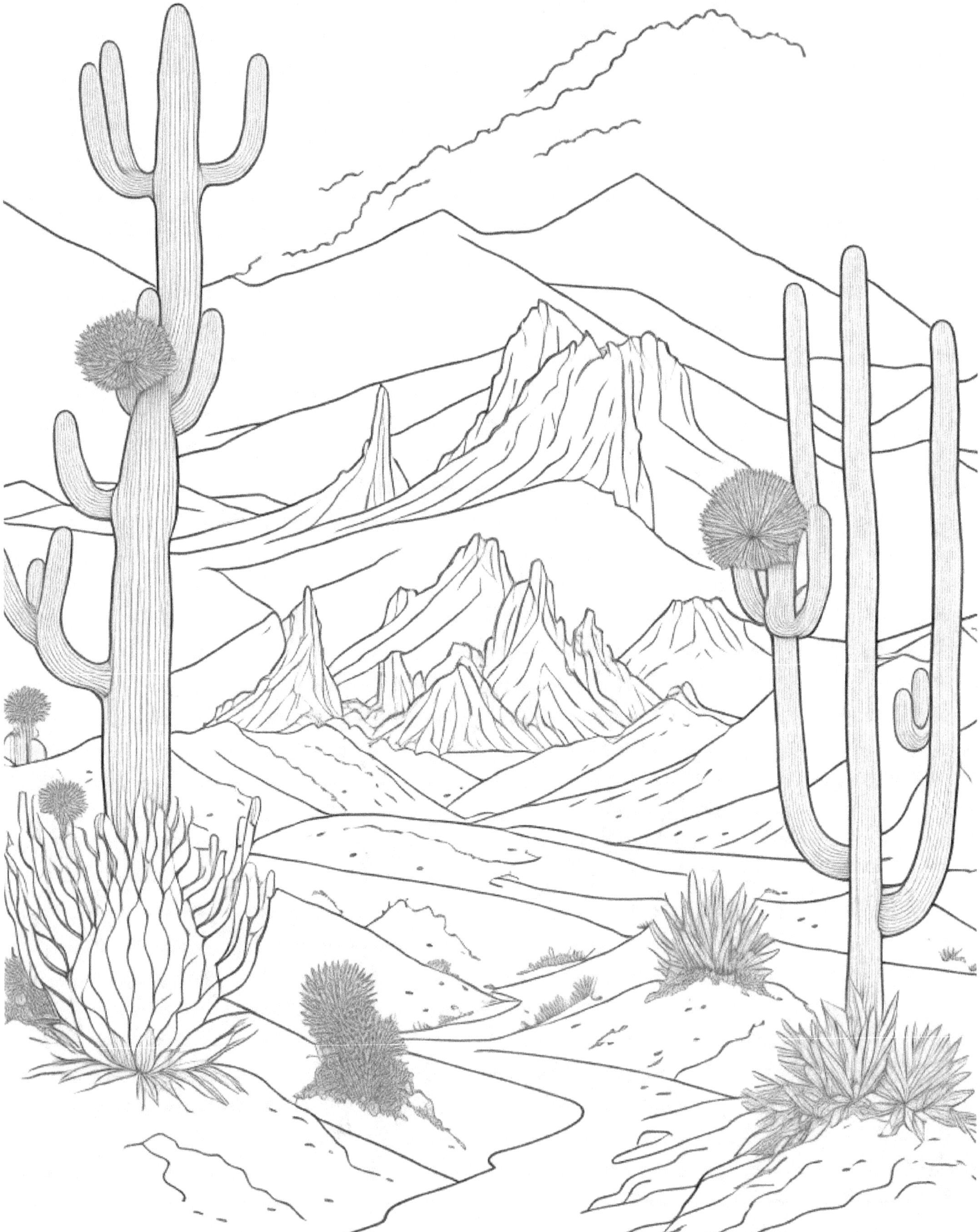

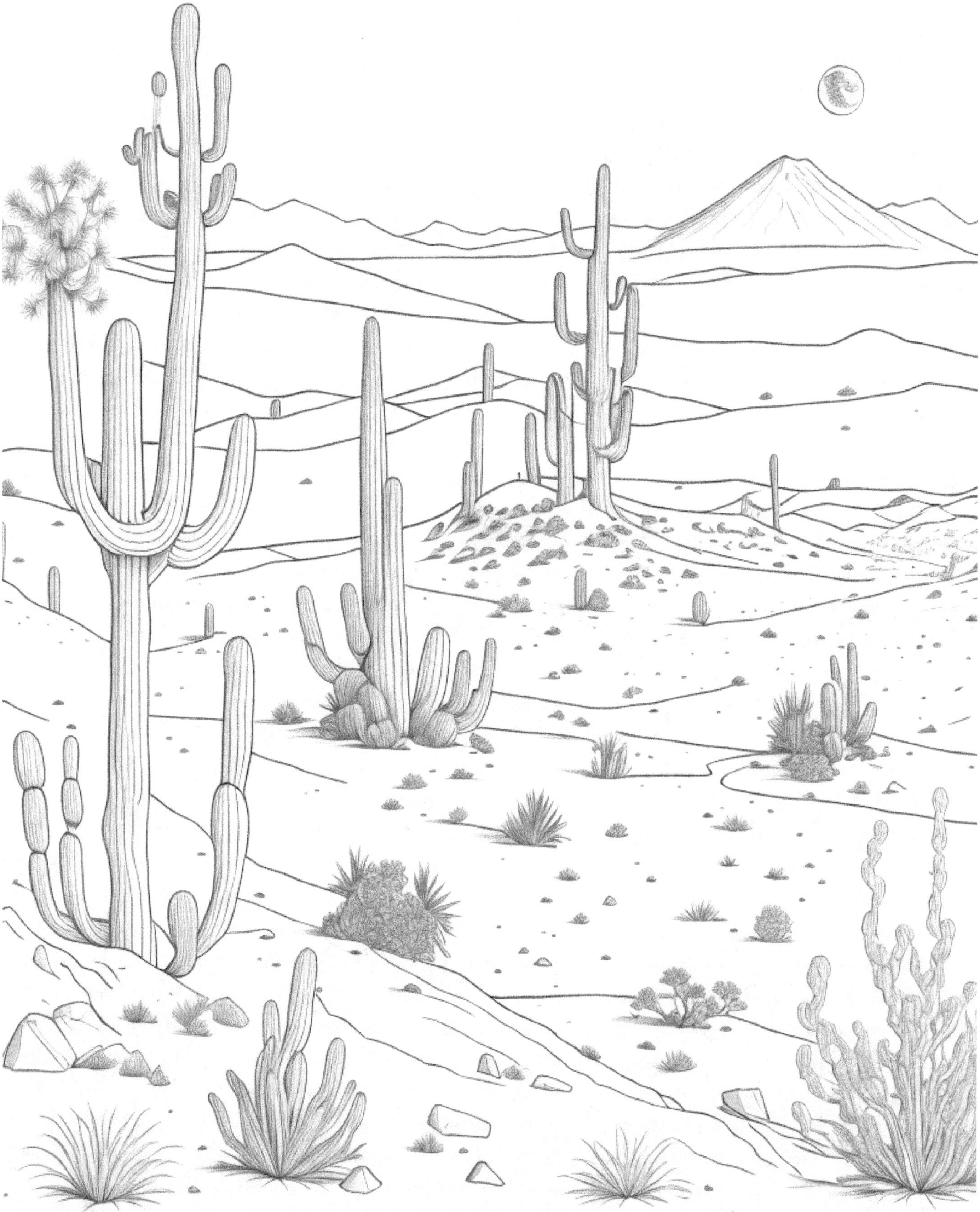

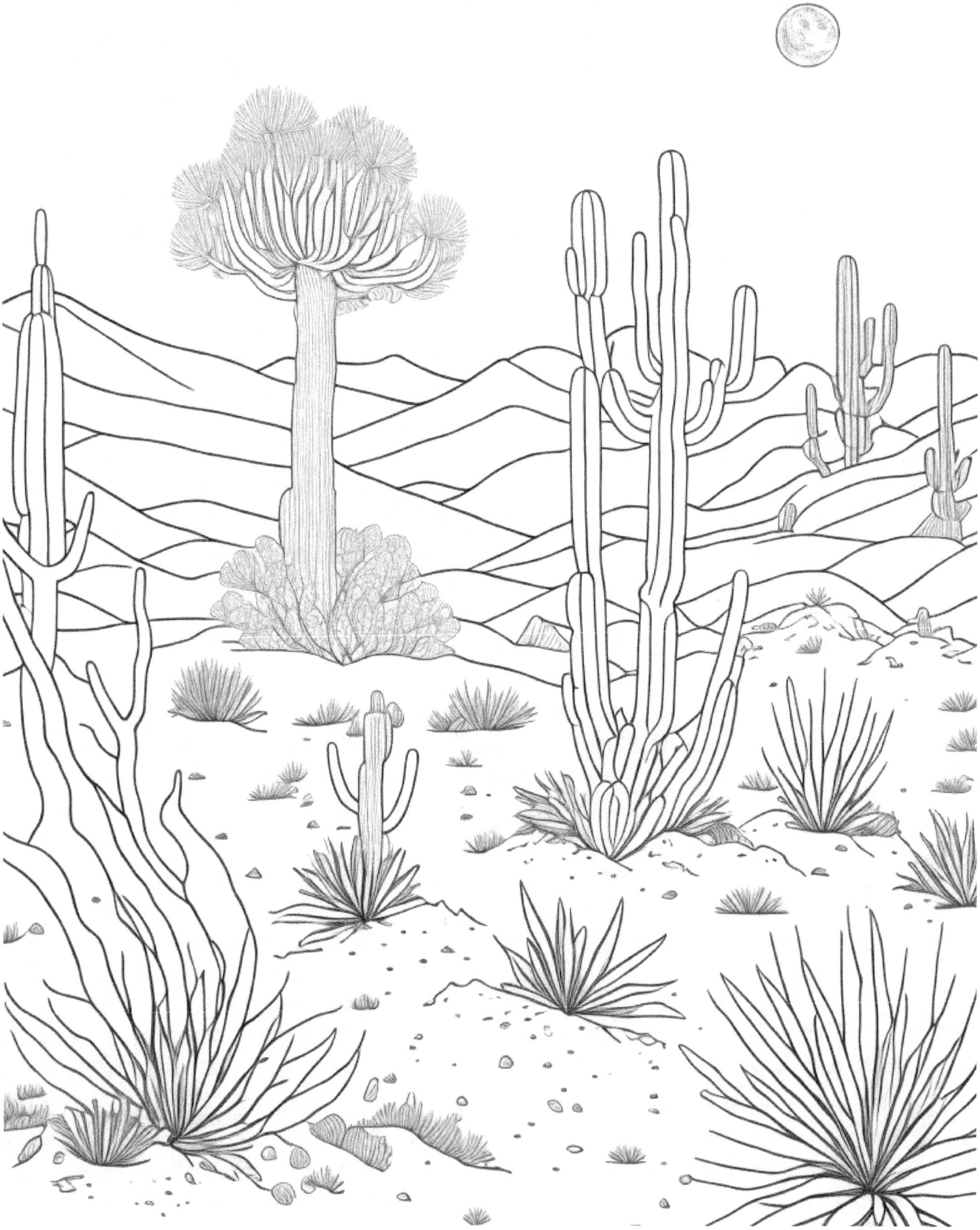

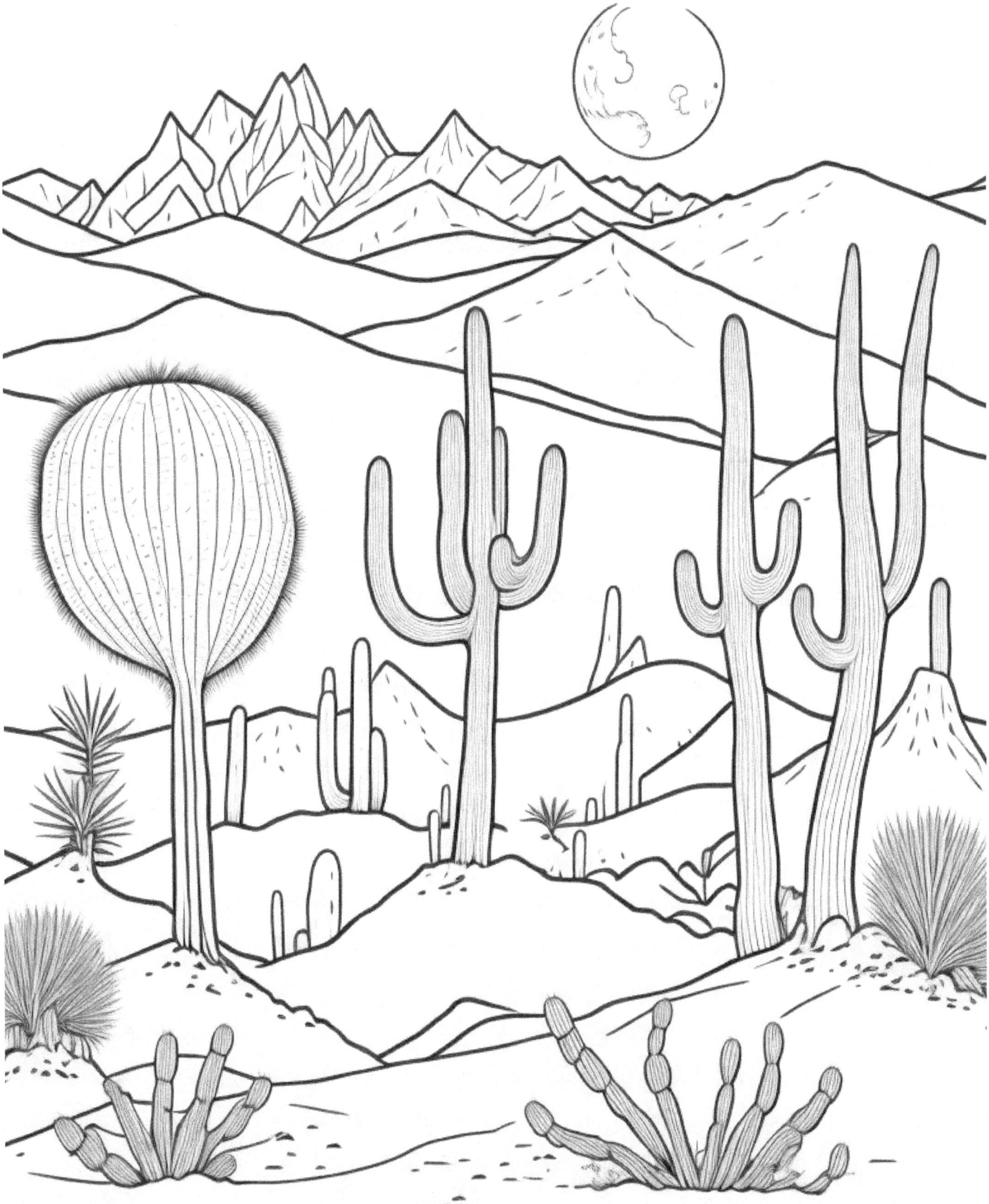

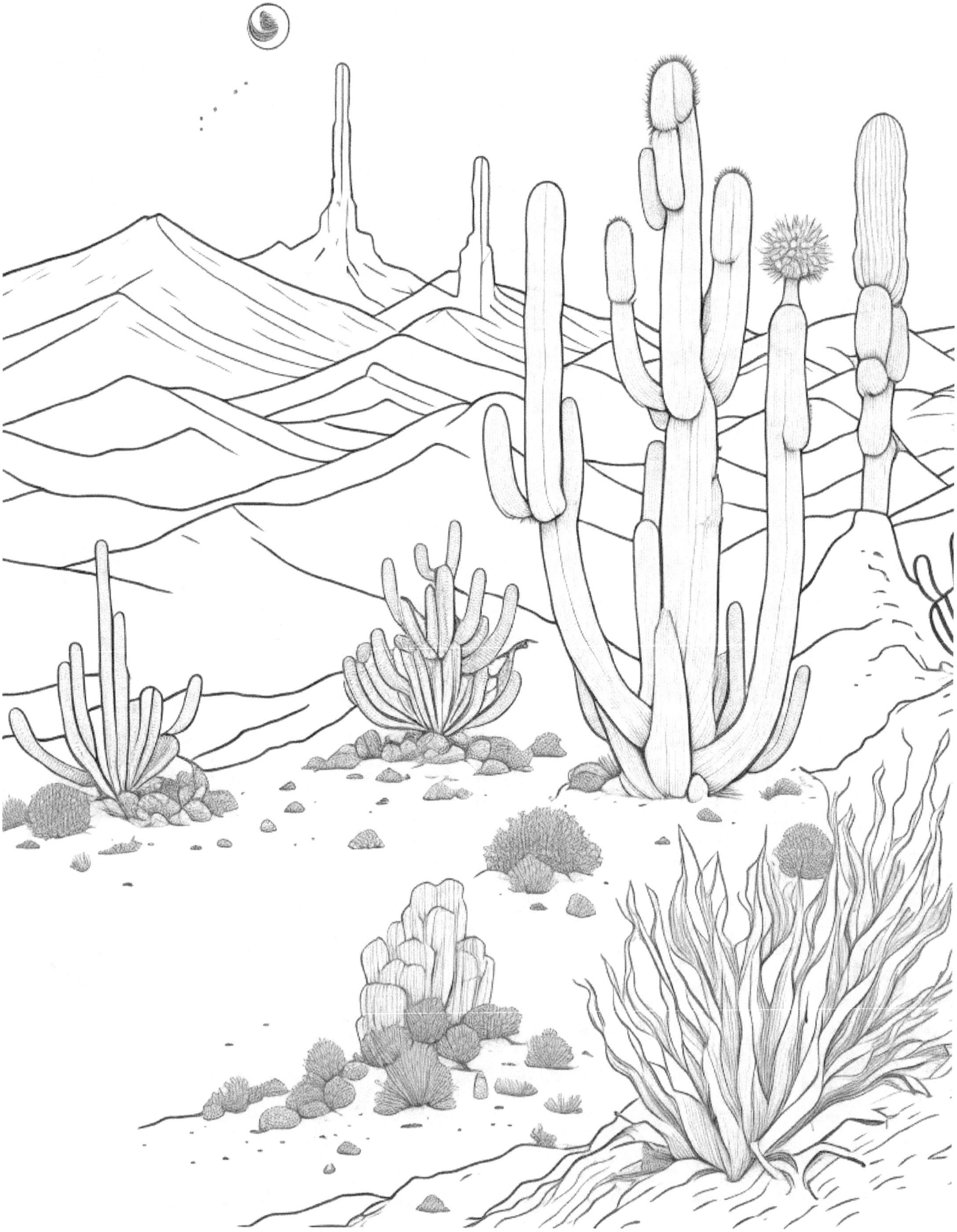

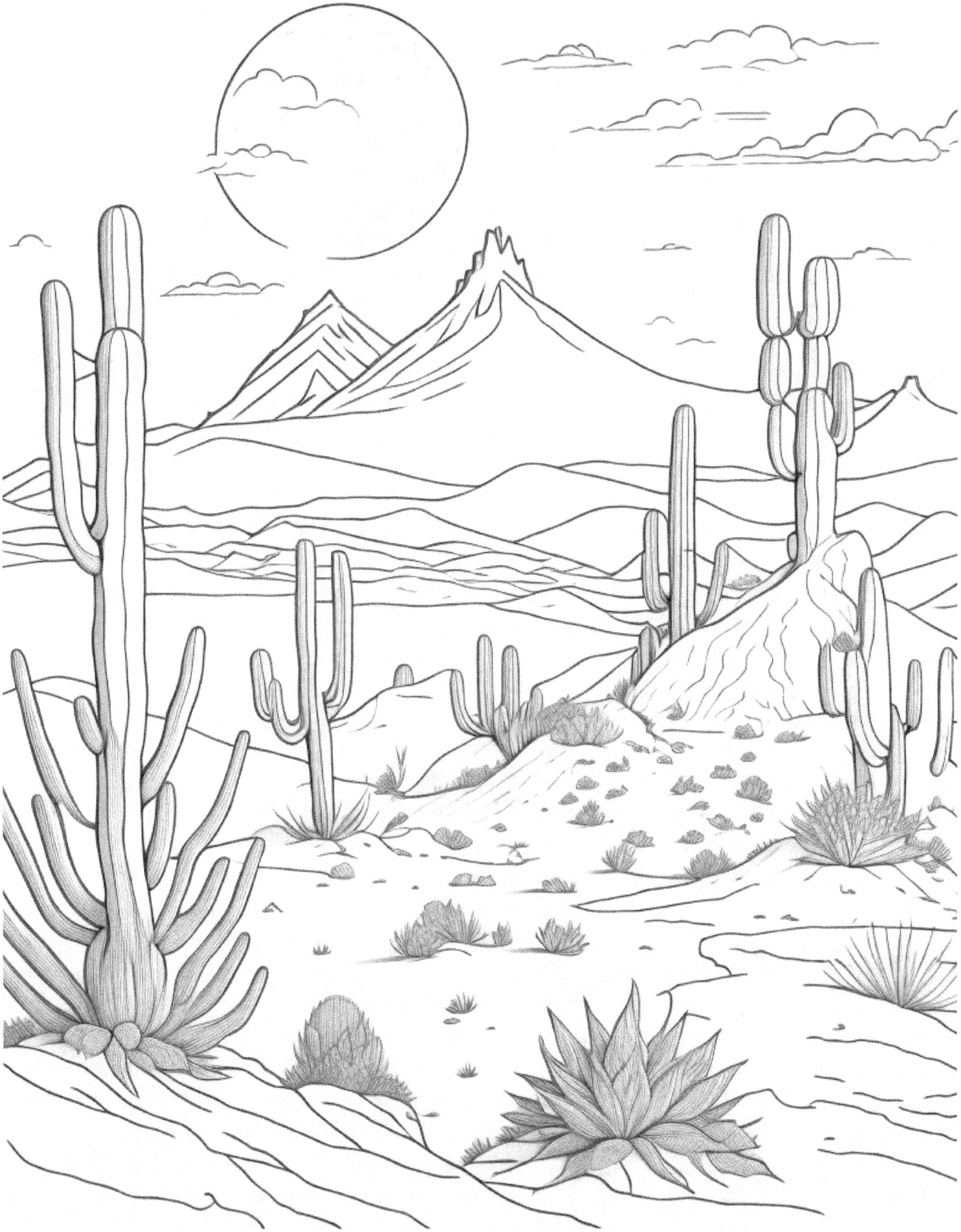

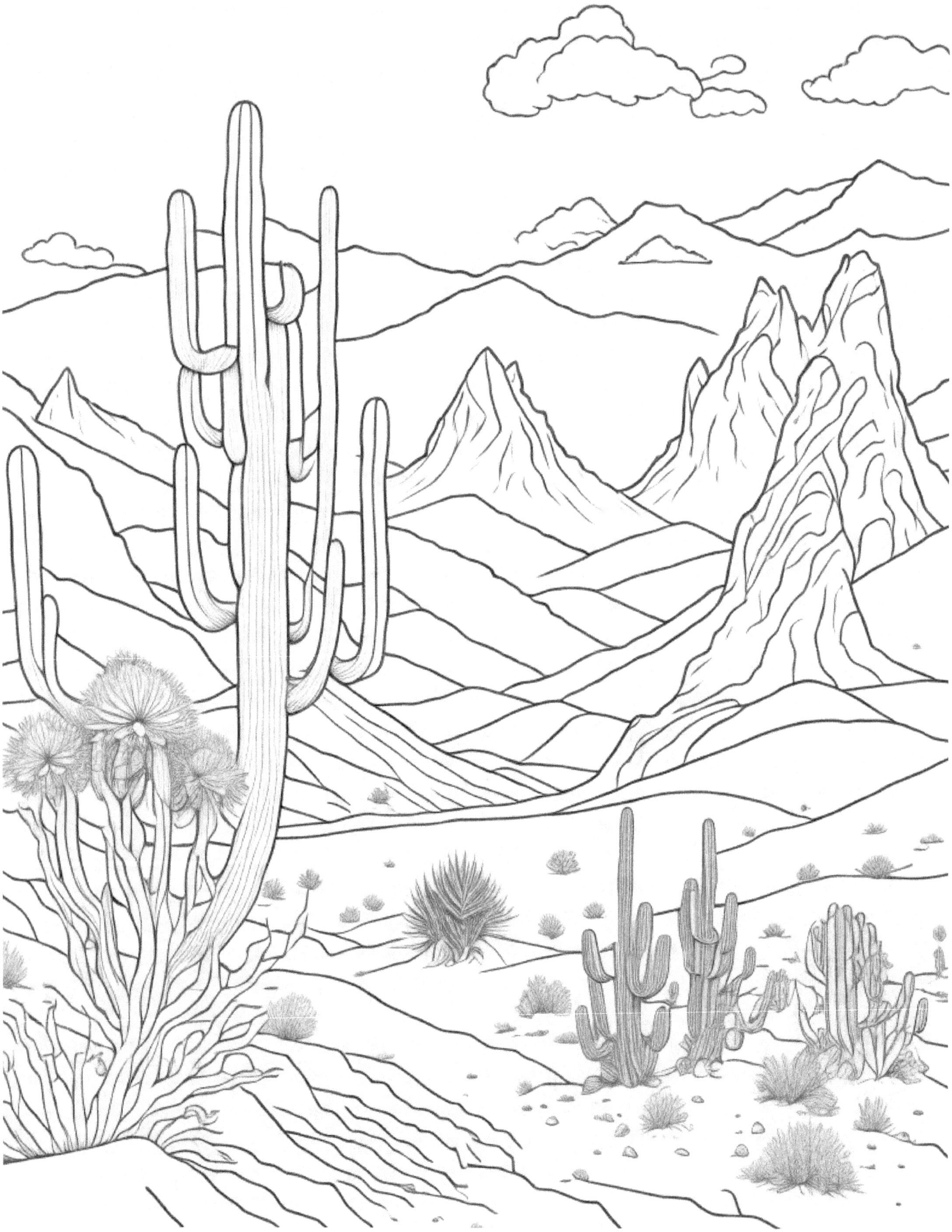

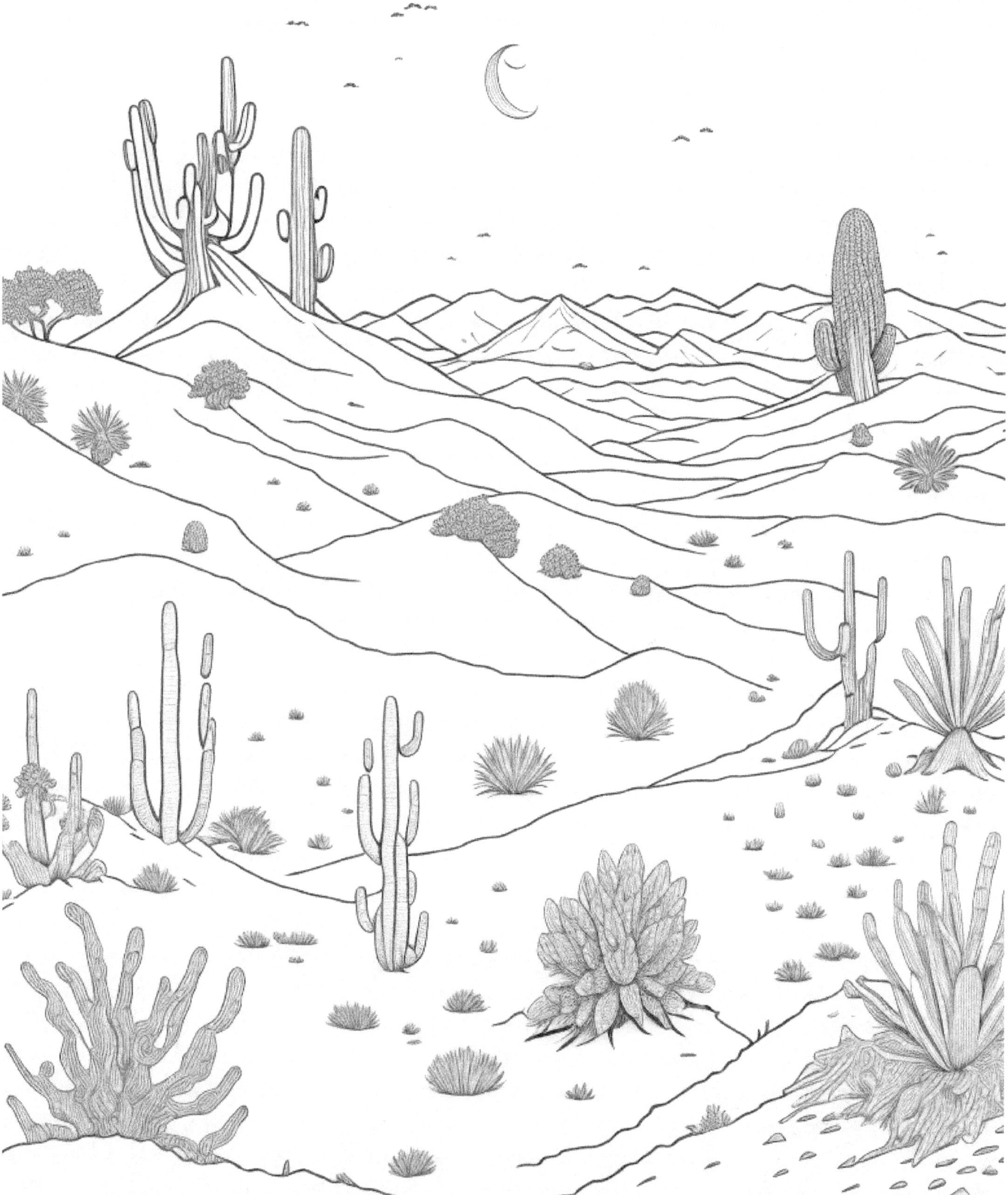

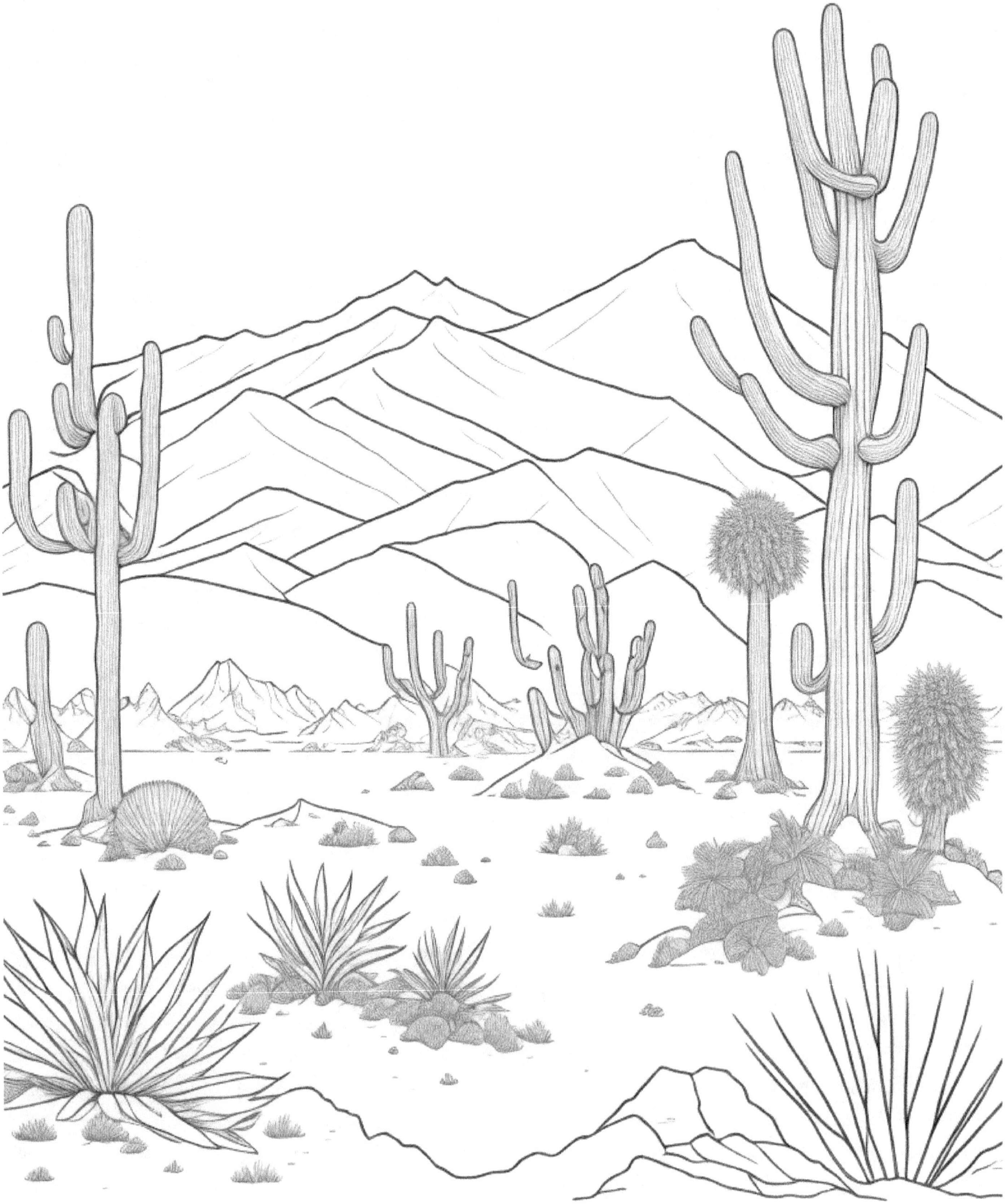

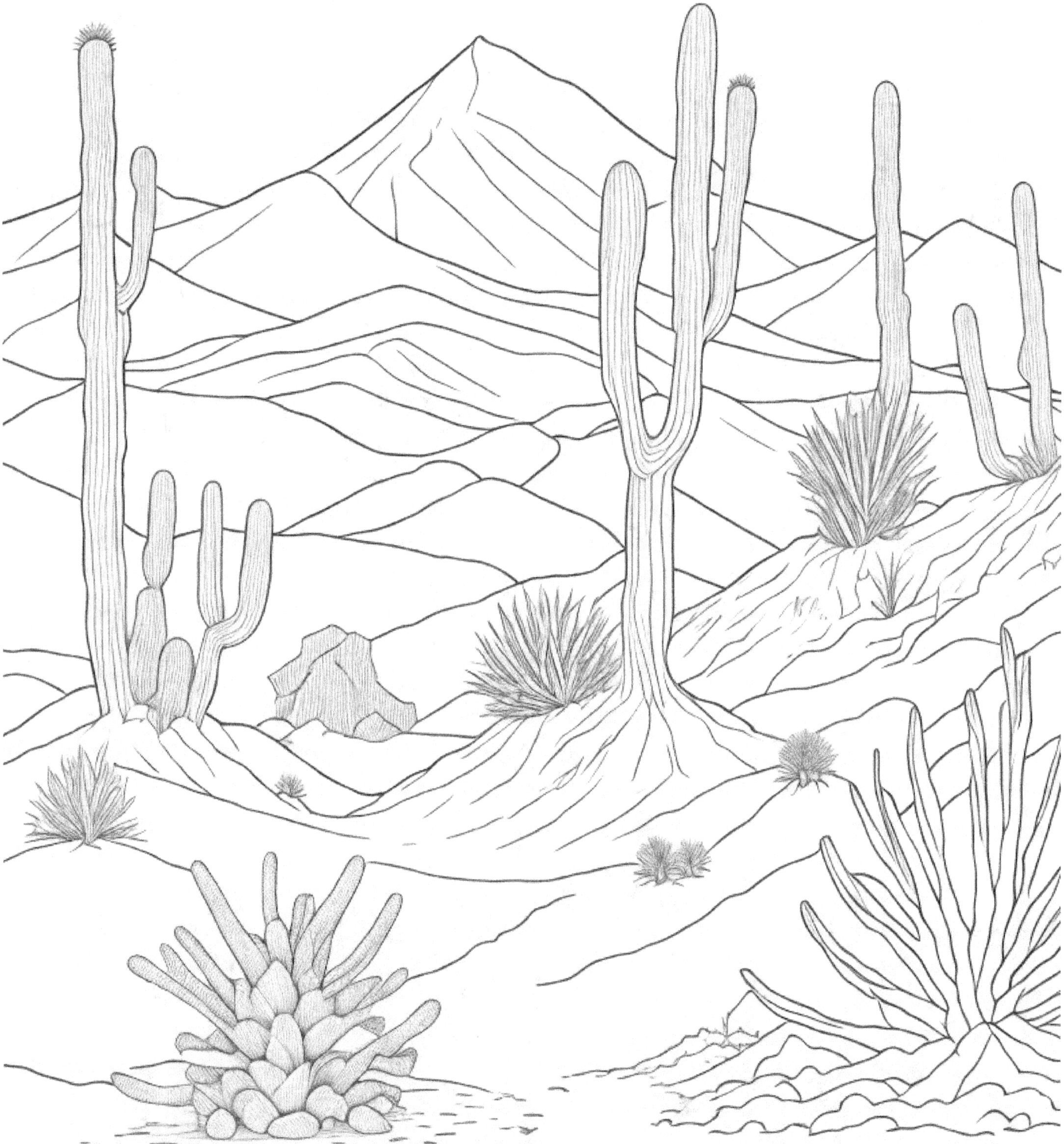

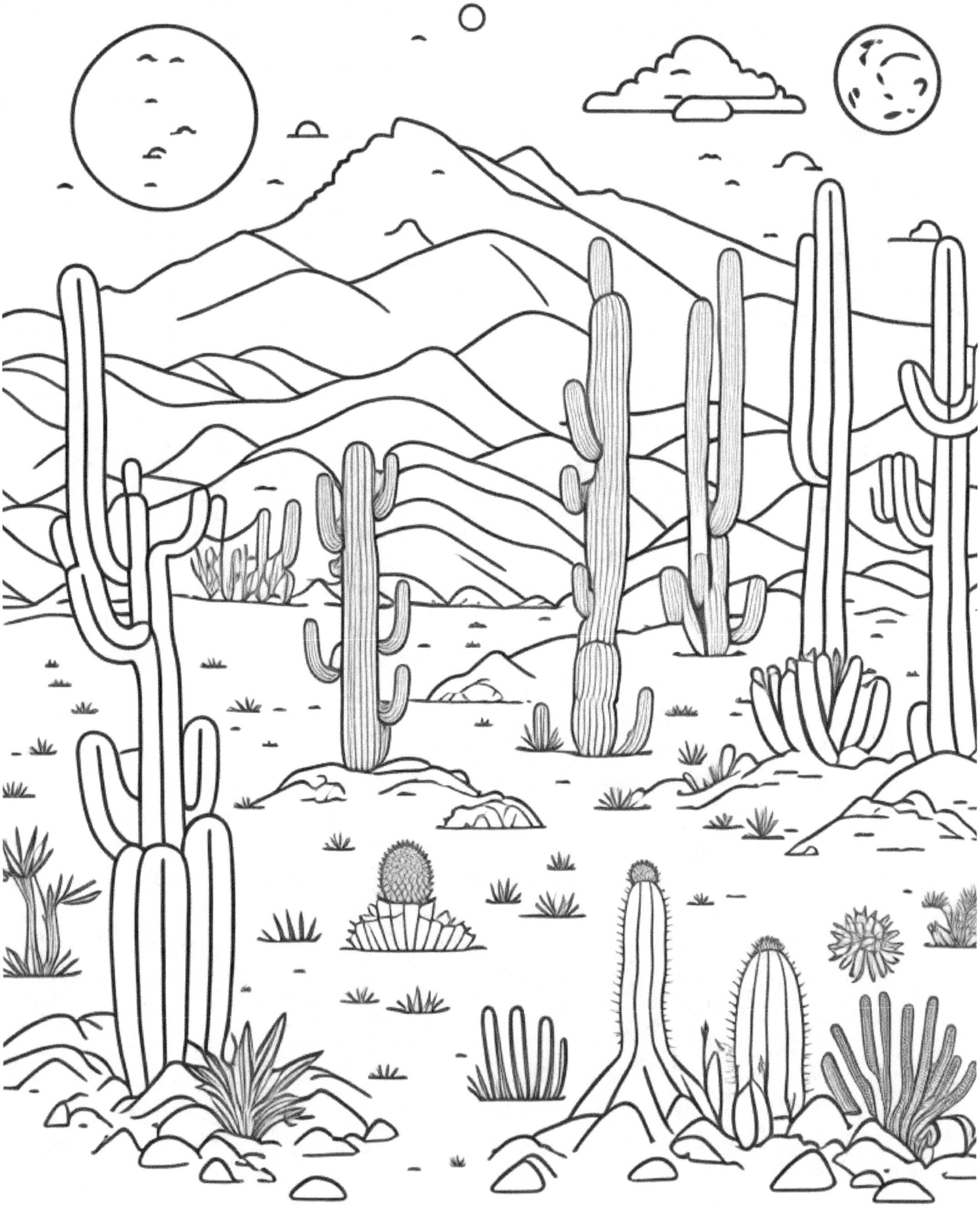

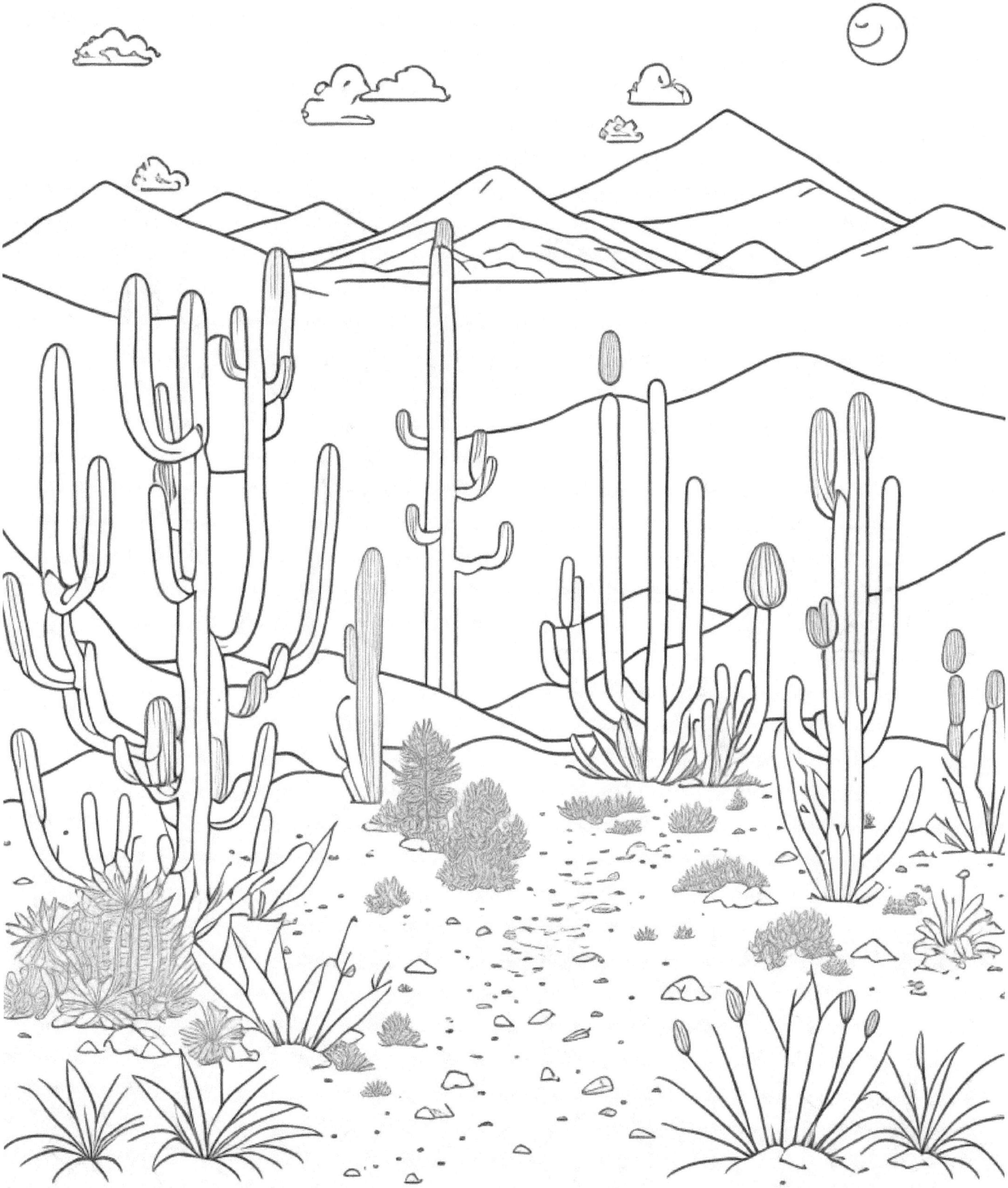

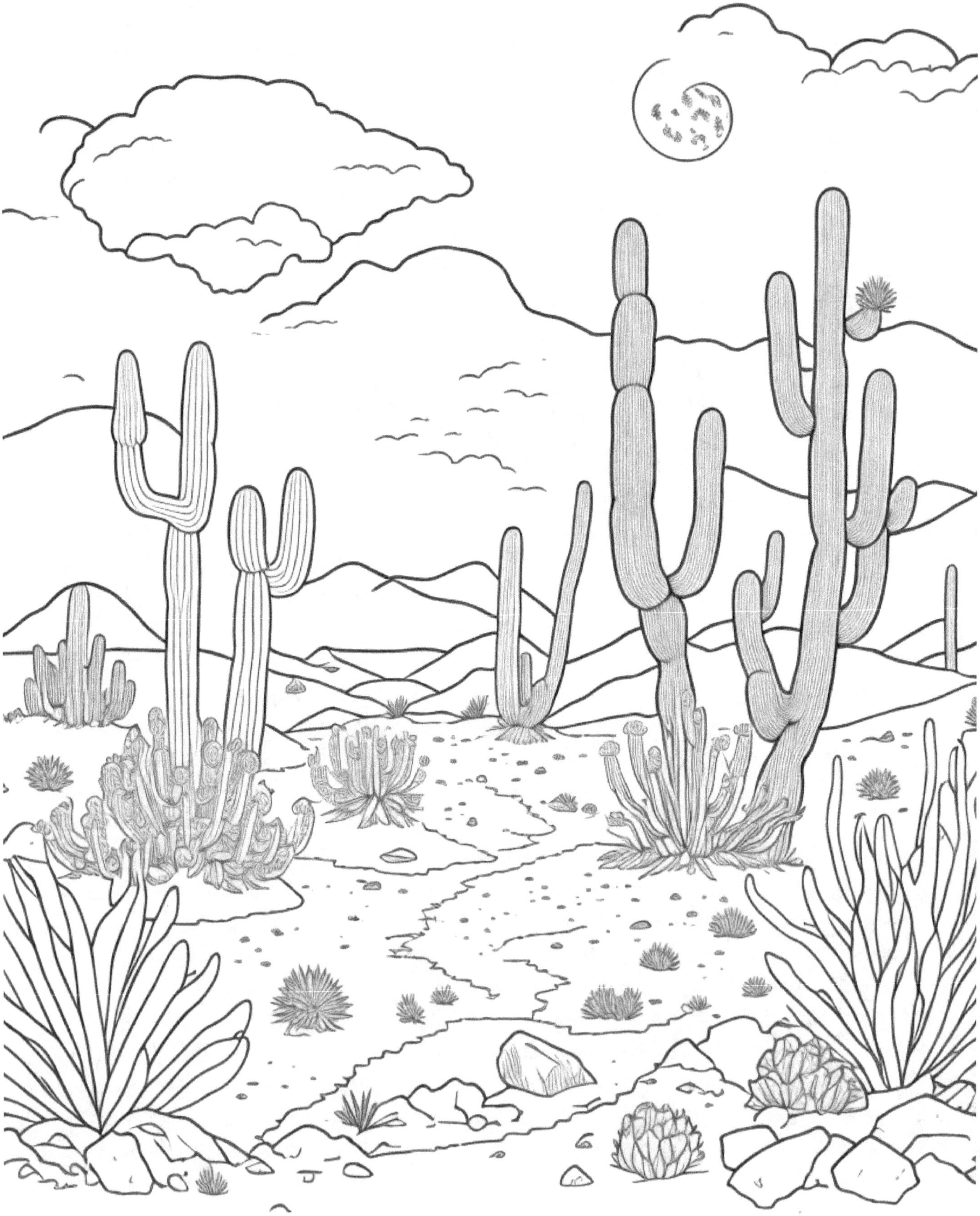

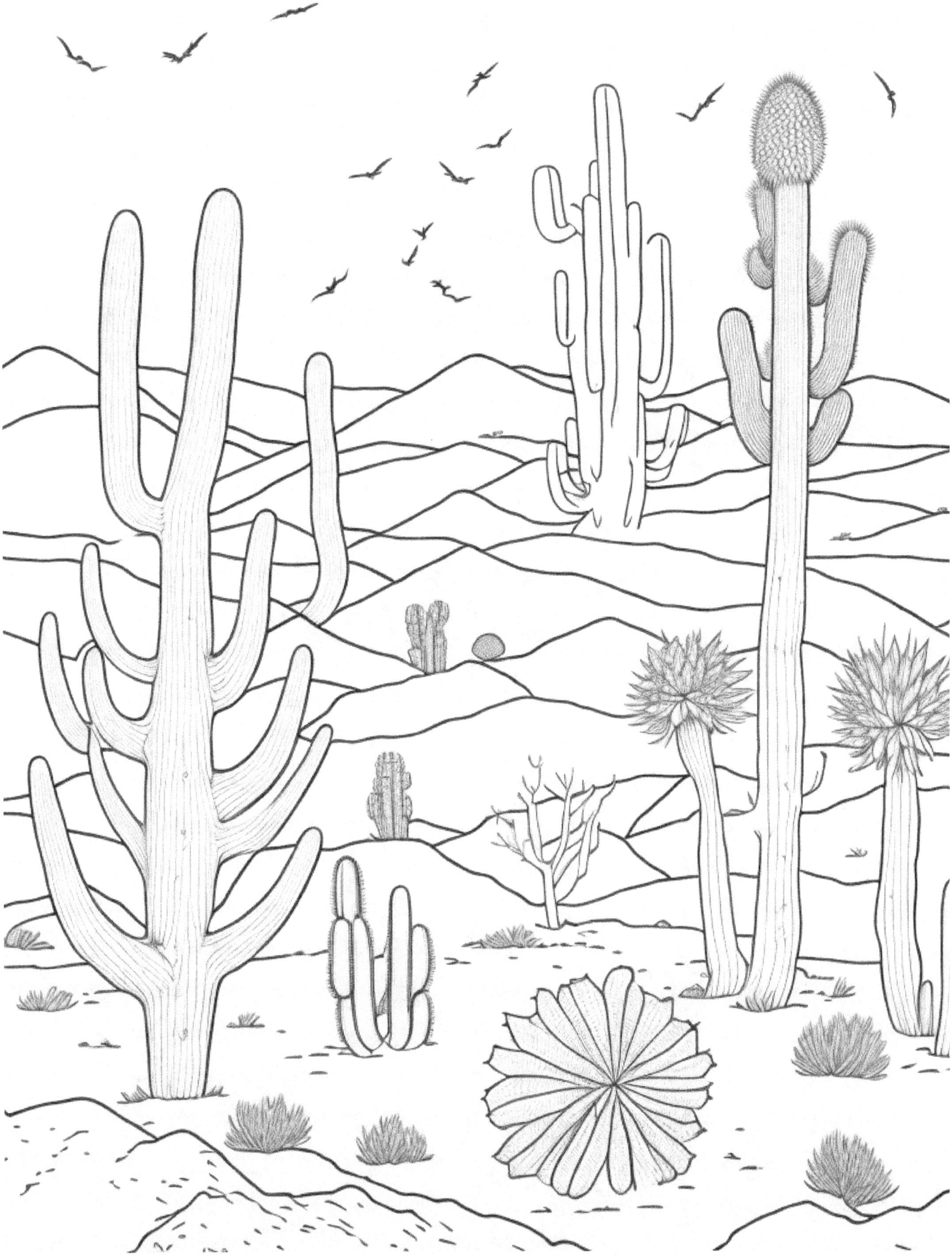

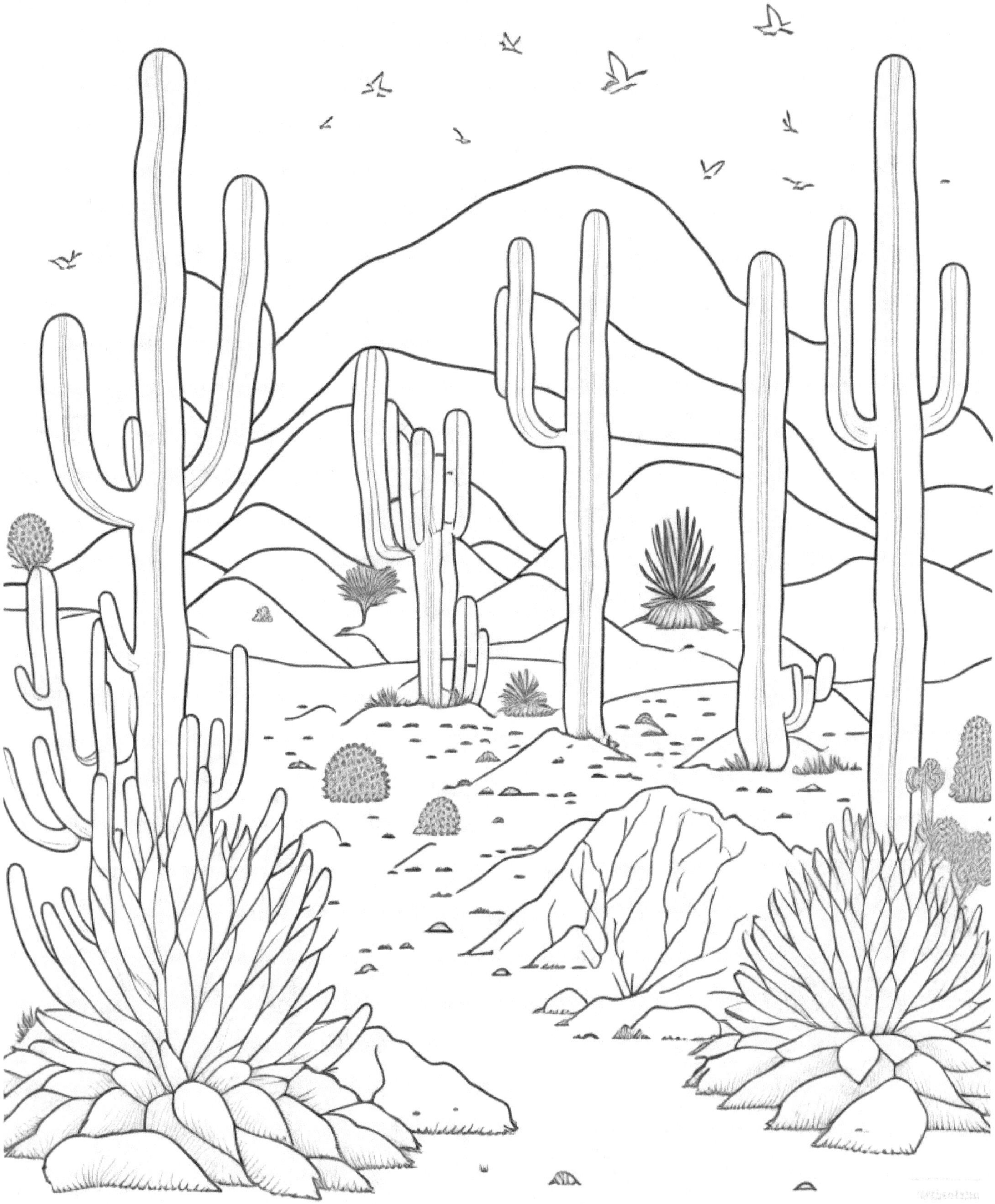

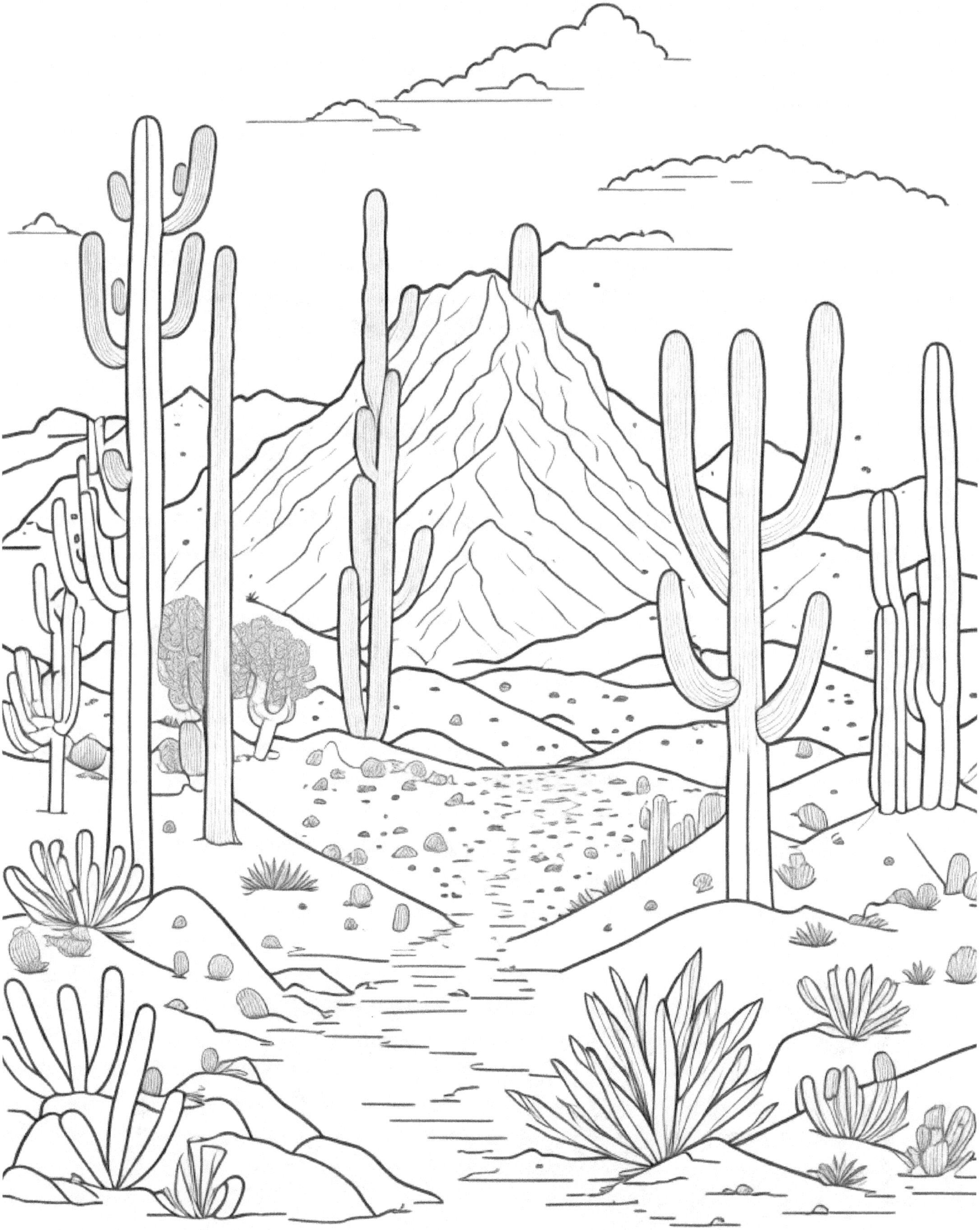

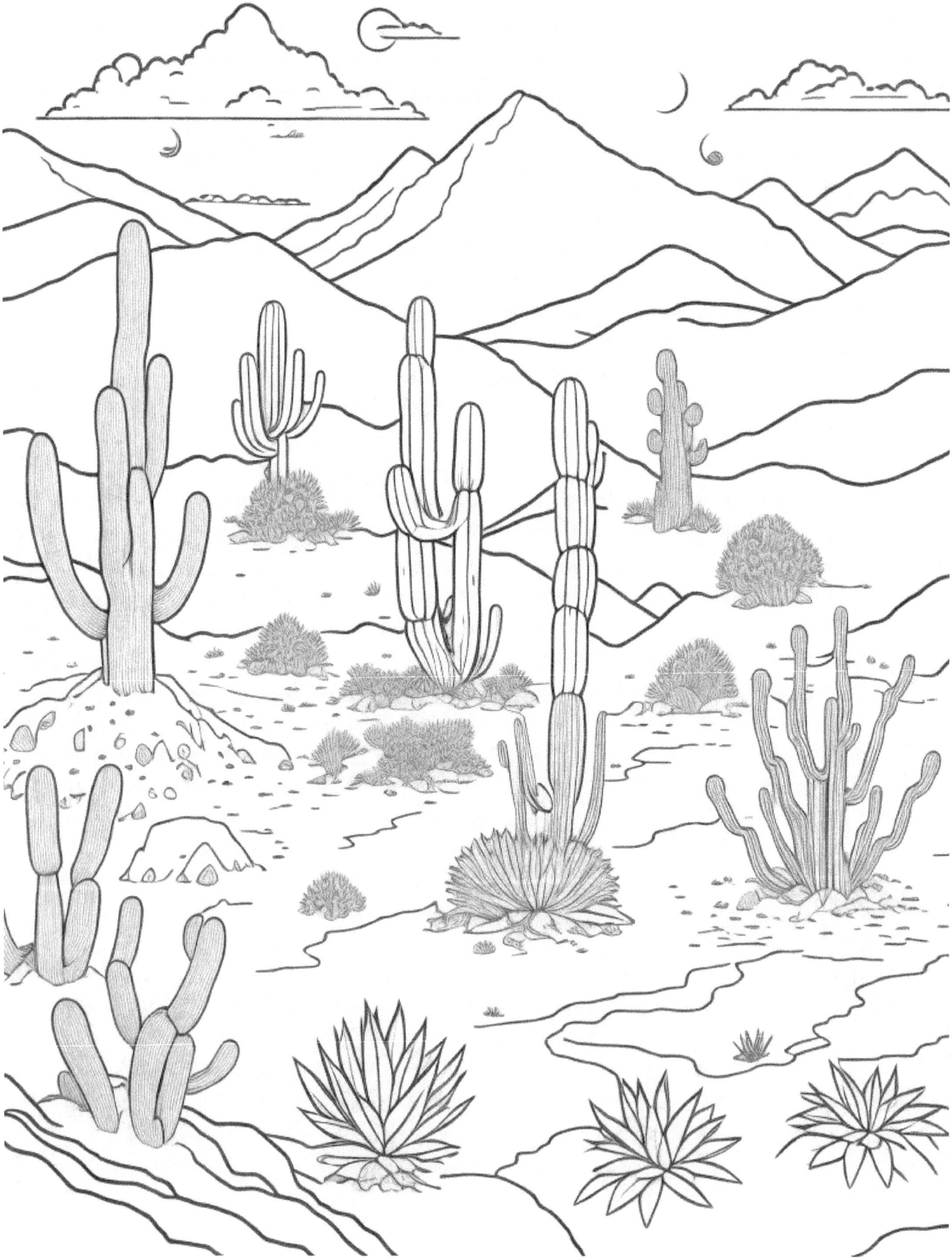

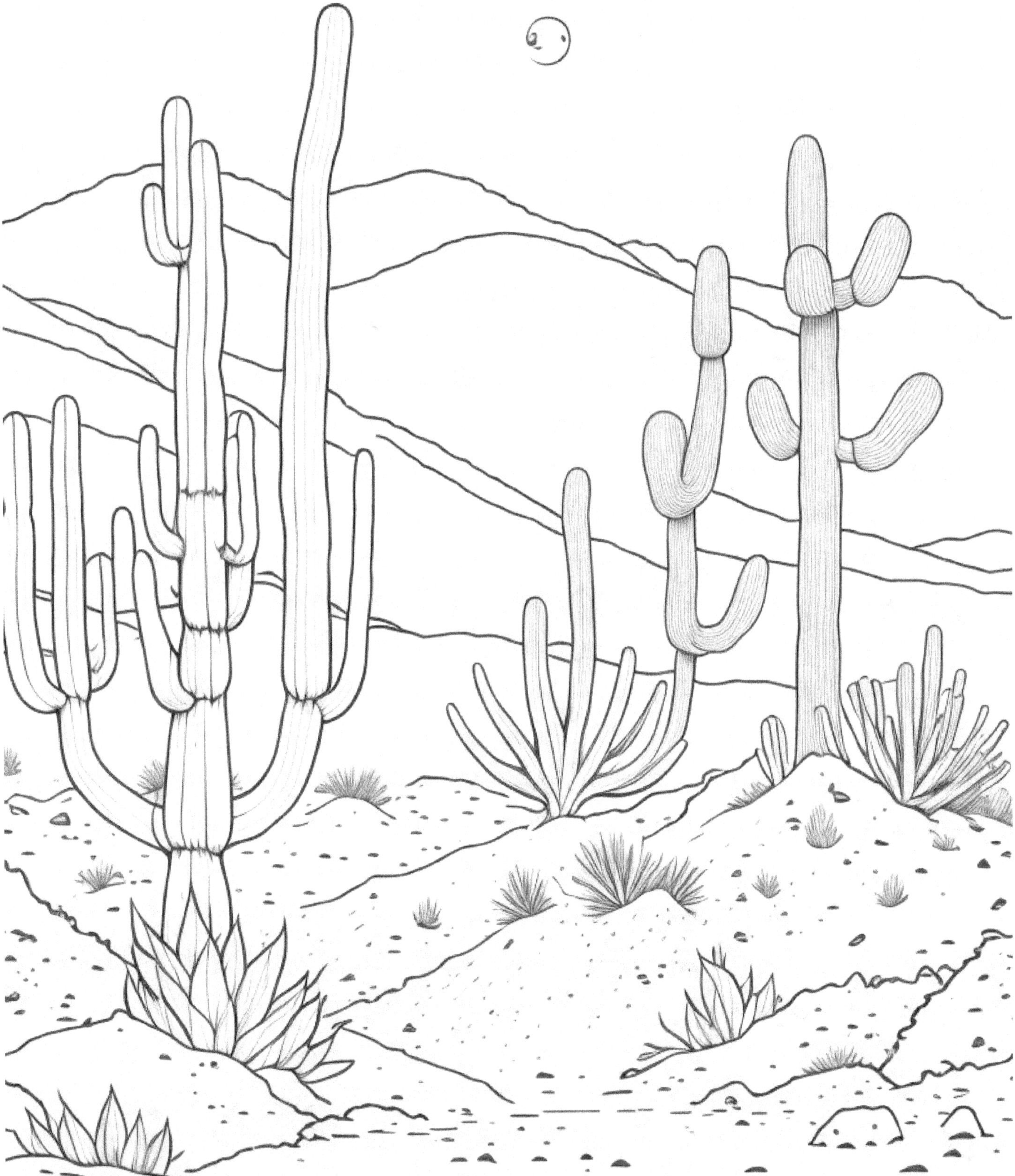

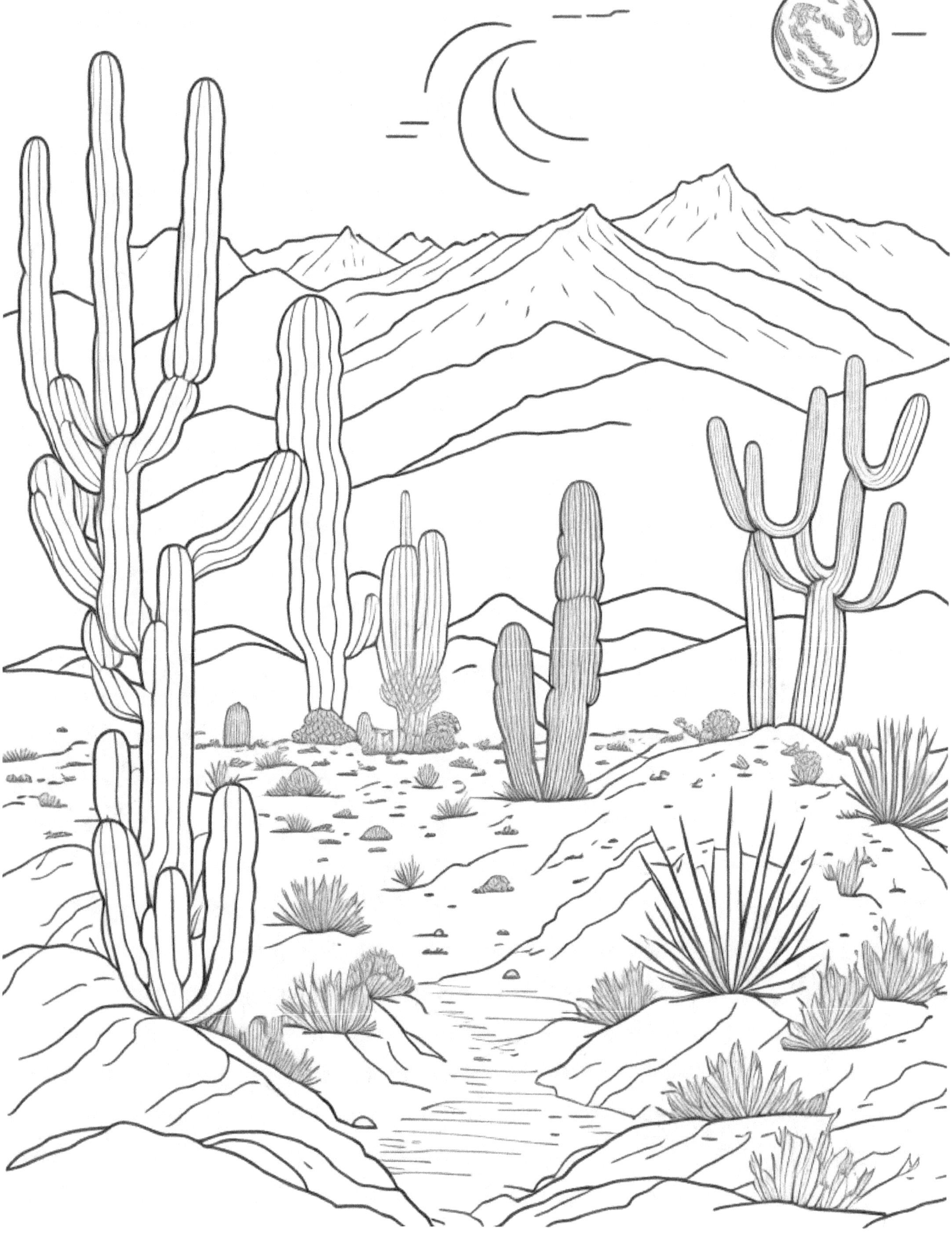

www.ingramcontent.com/pod-product-compliance
Lightning Source LLC
Chambersburg PA
CBHW080914220526
45467CB00025BA/3407
* 9 7 9 8 3 9 1 1 9 4 4 7 7 *